福祉利用者の生活問題と福祉労働・福祉専門職論

社会福祉研究者

竹原健二

本の泉社

目　次

はじめに ……………………………………………………………… 6

第Ⅰ章 ………………………………………………………………… 7

1、社会福祉を「国民の権利」として ………………………………… 7
2、社会科学的視点の社会問題としての生活問題 ………………… 8
（1）社会福祉労働者の責務 ………………………………………… 8
（2）生活問題の社会的生成と生活問題の統一的把握 …………… 10
【第Ⅰ章 参考文献】 ……………………………………………… 18

第Ⅱ章 ………………………………………………………………… 20

3、福祉利用者の社会問題としての生活問題に対応する社会福祉とは何か ……… 20
（1）今こそ社会福祉とは何かの本質解明を……………………… 20
（2）社会福祉の概念規定 ………………………………………… 22
　①社会福祉の概念規定 ………………………………………… 22
　　ア、分析の前提…………………………………………………… 22
　　イ、社会福祉労働の二つの要因の分析 ……………………… 22
（3）本源的規定における社会福祉の使用価値の支援（労働）行為 ……… 28
（4）歴史的規定における価値・剰余価値の社会福祉 …………… 30
（5）統一（総合）規定における社会福祉と課題 ………………… 36
【第Ⅱ章 参考文献】 ……………………………………………… 39

第Ⅲ章 ………………………………………………………………… 42

4、福祉利用者の福祉の成就を支援していく社会福祉労働論 ………… 42
（1）生存権的平等の保障 ………………………………………… 42
（2）労働と社会福祉労働 ………………………………………… 43
（3）社会福祉労働の特殊性 ……………………………………… 43

3

①社会福祉労働の特殊性 ……………………………… 44

②社会福祉労働の労働過程 ………………………… 44

ア、社会福祉労働の技能・技術的過程 ……………… 44

イ、社会福祉労働の組織的過程 …………………… 45

（4）社会福祉労働の矛盾 ……………………………… 46

（5）社会福祉労働の課題 ……………………………… 48

【第Ⅲ章 参考文献】 ………………………………… 49

第Ⅳ章 ……………………………………………………… 51

5、福祉利用者の福祉の成就を支援していく福祉専門職論 …… 51

（1）社会福祉における専門職とは何か ……………… 51

（2）従来の社会福祉における専門職論の到達点と問題点 ……… 52

①特別階層としての専門職論 ……………………… 53

②聖職としての専門職論 …………………………… 54

③専門技能・技術としての専門職論 ……………… 55

6、福祉利用者・社会福祉労働者の生存権・発達権保障の専門職論 …… 57

7、今後の課題 ……………………………………………… 62

【第Ⅳ章 参考文献】 ………………………………… 63

終章　引用文献集 ……………………………………… 65

第Ⅰ章 ……………………………………………………… 66

1、社会福祉を「国民の権利」として …………………… 66

2、社会科学的視点の社会問題としての生活問題 ……… 68

（1）社会福祉労働者の責務 ………………………………… 68

（2）生活問題の社会的生成と生活問題の統一的把握 …… 69

第Ⅱ章 ……………………………………………………… 74

3、福祉利用者の社会問題としての生活問題に対応する社会福祉とは何か … 74

（1）今こそ社会福祉とは何かの本質解明を ……………… 74

（2）社会福祉の概念規定 ……………………………………………………… 76

　①社会福祉の概念規定…………………………………………………………… 76

　　ア、分析の前提 ………………………………………………………………… 76

　　イ、社会福祉労働の二つの要因の分析 ……………………………………… 78

（3）本源的規定における社会福祉の使用価値の支援（労働）行為 …………… 81

（4）歴史的規定における価値・剰余価値の社会福祉 ………………………… 81

（5）統一（総合）規定における社会福祉と課題………………………………… 86

第Ⅲ章 ……………………………………………………………………………… 95

4、福祉利用者の福祉の成就を支援していく社会福祉労働論 ………………… 95

（1）生存権的平等の保障 ………………………………………………………… 95

（2）労働と社会福祉労働 ………………………………………………………… 95

（3）社会福祉労働の特殊性 ……………………………………………………… 97

　①社会福祉労働の特殊性 ……………………………………………………… 97

　②社会福祉労働の労働過程 …………………………………………………… 99

（4）社会福祉労働の矛盾 ………………………………………………………… 100

（5）社会福祉労働の課題 ………………………………………………………… 102

第Ⅳ章 ……………………………………………………………………………… 104

5、福祉利用者の福祉の成就を支援していく福祉専門職論 …………………… 104

（1）社会福祉における専門職とは何か ………………………………………… 104

（2）従来の社会福祉における専門職論の到達点と問題点 …………………… 104

　①特別階層としての専門職論 ………………………………………………… 105

　②聖職としての専門職論 ……………………………………………………… 106

　③専門技能・技術としての専門職論 ………………………………………… 106

6、福祉利用者・社会福祉労働者の生存権・発達権保障の専門職論……… 107

はじめに

　2018 年 9 月 20 日に総務省が発表した人口統計によると、総人口が前年比 26 万人減、15 歳未満では 18 万 2 千人の減少となっているが、その一方で 65 歳以上の高齢者は 47 万 8 千人の増加となっている。少子高齢化へのテンポは速まっているといえる。

　一方、生活保護受給世帯数は 2017 年 8 月以降増え続け、2017 年 11 月の受給世帯は 164 万 2971 世帯となっており、「社会福祉」の拡充は喫緊の課題となっている。それだけに、「社会福祉」のありようが根本から問われている。

　筆者は、社会科学的立場から「社会福祉」が社会的・構造的存在であると考えている[*]。その課題解決のためには、社会的手段の総体として、法令だけでなく、環境、居宅はもとよりあらゆる諸方法が必要と考え、新たな視点から社会福祉論、福祉労働・福祉専門職論をまとめたものである。

　筆者は、自身の社会福祉労働の経験を踏まえ、これまでの福祉労働・福祉専門職論が究明してこなかった福祉利用者の多様な「潜在能力」[**]に着目し、その維持・再生産・発達・発揮の保障に基づく福祉労働・福祉専門職論を究明していく。そして筆者は、実用主義的ではなく科学的な福祉理論に基づいた福祉労働を行っていくことが重要であることを強調しておきたい。

[*] 　永山誠の『社会福祉理念の研究』（ドメス出版刊 2006 年）は、社会福祉の法制度（福祉政策）の批判的検討をおこなっているが、社会福祉は資本主義の生産関係の下に存在しているのもかかわらず、資本主義社会の生産関係との連関を欠落させている。これでは、本質的解明はできない。

[**] 　「潜在能力」人間の潜在能力─抽象的人間生活力＝人間が生活する際に支出する脳髄・神経・筋肉等を意味する。抽象的人間労働力＝人間が労働する際に支出する脳髄・神経・筋肉等を意味する。

　　以下、本稿ではすべて「」（カギかっこ）を付して表記する。

第1章

1、社会福祉を「国民の権利」として

　憲法第25条は「国は、すべての生活部面について社会福祉、社会保障及び公衆衛生の向上及び増進に努めなければならない」と定めており、社会福祉を「国民の権利」として厳密に考察する必要があると考える。今日の日本は、資本主義社会であり、「国民の権利」もその生産関係との連関で考察していくことが科学的方法である。

　従来の社会福祉論は、財貨の側に視点を置いていた。これに対してアマルティ・センは以下のように指摘している「財貨の支配は福祉という目的のための『手段』であって、それ自体として目的にはなり難い」と明言する*。二宮厚美も「従来の福祉観がどちらかというと財貨の側に視点を置いて平等な福祉観を論じてきたのに対して、視点を180度転換して、人間の側に移したのです。生存に必要なさまざまなモノは、人間にあたって不可欠なモノであるが、そのモノの価値はそれを活用する人間の「潜在能力」によって可変的である。制度そのモノそれ自体ではなく、それを使用して生きる人間の「潜在能力」に視点を移して、その発展を考えなければならない。したがって、人間生活の福祉を考える場合にはモノそれ自体ではなく、それを活用していきる人間への潜在能力に視点を移して、その発展を考えなければならない」と明言する**。

　　* （アマルティ・セン　鈴村興太郎訳『福祉の経済学』岩波書店刊、1997年、44頁）
　　** 二宮厚美箸『発達保障と教育・福祉労働』全国障害者問題研究会出版部、2005年、87頁）

　筆者は人間が生きていくためには、衣食住（モノ）などの生活手段が

絶対的に必要であると考える。それには、当然社会福祉労働によるサービスと社会福祉の法制度を含む。生活手段を保障することと、人間の「潜在能力」の維持・再生産・発達・発揮の保障を統一的に捉えていく事が重要である。

多くの論者が指摘するように、生きていることを実感できるのは、さまざまな社会活動に参加している時の方が多い。福祉を見るときにも所得や余暇だけではなく、生活活動の全体を詳しく見るべきだろう。しかし、「日本語の『福祉』や『幸福』といった言葉は、ひとの具体的な活動から離れた抽象的なものになりがちで」ある。(絵所秀紀・山崎孝治編『アマルティア・センの世界』晃洋書房、2004 年、2 頁―野上裕生「アマルティア・センへの招待」)

この指摘は、福祉利用者に接する福祉労働及び福祉専門職においてはとりわけ重要である。

2、社会科学的視点の社会問題としての生活問題

(1) 社会福祉労働者の責務

社会福祉労働者は、社会問題として福祉利用者の生活問題についての認識が重要である。従来の認識は、法制度及び所得等の生活手段そのものの不足・欠如に視点を置いていた。また最近の貧困論・格差論・アンダークラス論は殆どが結果論であり、貧困や格差等が現代資本主義社会の生産様式の連関の下でどのようにして生成しているかその社会的原因を看過しているものが少なくない。しかも最近の社会福祉論においても、社会問題としての福祉利用者の生活手段―所得・教育制度等―の不足・欠如と、そこから生成される「潜在能力」の維持・再生産・発達・発揮の阻害に対する認識が看過されている。前述のとおり、健康で文化的な生活を営むうえでは、抽象的人間生活力の維持・再生産・発達・発揮が不可欠である。

社会福祉労働にたずさわる場合、生活問題を外部的条件と内部的条件の両面から認識していく事が重要である。つまり、福祉利用者の生活問題が、現代資本主義社会の生産関係との連関でどのように生成してくるのか、分析的に認識することが求められる。また、外部的条件（生活手段等）と内部的条件（福祉利用者の「潜在能力」）を統一的に認識していく事が重要である。何故ならば、社会福祉の対象の生活問題は、現代資本主義社会の生産様式の経済的法則によって必然的に生成してくるものであるからである。したがって、国家及び地方自治体等が責任を持って福祉サービスを供給していくべきものである。

　実際には、社会福祉労働を福祉利用者が享受し、人間らしい健康で文化的な生活を成就していくものである。つまり、福祉利用者が社会福祉労働を享受しての生活の保障と「潜在能力」等の発揮の保障の両側面を統一して捉えていく事が重要である。実際、社会福祉労働の現場においては外的保障だけではなく、福祉利用者が「潜在能力」を発揮できるように、社会福祉労働者は専門家としての技能・技術を駆使している。

　そして筆者の経験によるものであるが、社会福祉労働者は専門的な能力を持っており、福祉利用者の「潜在能力」を引き出す際には、個人的及び社会的な多様性に注目する事が重要であると考える。

　　アマルティア・センは多様性について以下のように指摘している。「栄養摂取の達成という場合には、この転換は、①代謝率、②体のサイズ、③年齢、④性（女性の場合には、妊娠しているか否か）、⑤活動水準、⑥（寄生虫の存在・非存在を含む）医学的諸条件、⑦医療サービスのアクセスとそれを利用する能力、⑧栄養学的な知識と教育、⑨気候上の諸条件などの諸要因に依存する。社会的な行動を含む機能の実現や、友人や親戚を持て成すという機能の実現の場合には、この転換は、①ひとが生活する社会で開かれる社交的会合の性格、②家族や社会におけるひとの立場、③結婚、季節的祝宴などの祝宴や葬式などその他の行事の存在・非存在、④友人や親戚の家庭からの物理的距離などの要因に依存する……」（[Sen,Amartya]、鈴木

興太郎訳『福祉の経済学』岩波書店、1988年）

　人は同じレベルの生活手段を保有していても、同じ生活レベルの達成は保障されない。つまり、取得した生活手段の使用価値を活用して福祉へ転換させることができるか否かは、福祉利用者によって、あるいはその福祉利用者の置かれている地域環境・社会環境によって異なるからである。同じように所得にしても、その人が基礎的な福祉・教育・医療等にアクセスを持っているかどうかに依存するし、同じカロリーを摂取していても、その人の労働量、体の大きさ、性別、年齢、健康状態等によって「栄養を満たす」と言う享受が達成されているかどうかは分からない。つまり、生活手段の固有価値が望ましい福祉に転換する福祉利用者の生活活動の基盤である「潜在能力」が個人的・地域的・社会的条件に制約されているのである。

　福祉利用者の生活問題が、現代資本主義社会の構造的法則としてどのように必然的に生成してくるかを考察し、福祉利用者の生活問題が実は社会問題であることを総合的に把握することが重要である。具体的には、生活手段の不足・欠如と生活手段の不足・欠如から生成してきた福祉利用者の「潜在能力」の維持・再生産・発達・発揮の阻害要因と「潜在能力」そのもの不足・欠如などの統一的把握である。

（2）生活問題の社会的生成と生活問題の統一的把握

　我々は日々の生活過程において生活手段を取得し、「潜在能力」を発揮して生活を行っており、その生活過程において「潜在能力」の維持・再生産・発達・発揮と生産手段・生活手段の生産を行っている。従って、生活とは、生活手段の消費過程だけではなく人間としての能力の向上と生産手段・生活手段の生産過程も含めた総体である。

　フリードリヒ・エンゲルスは「唯物論的な見解によれば、歴史を究極において規定する要因は、直接の生命の生産と再生産とである。しかし、

これは、さらに 2 種類のものから成っている。一方では、生活資料の生産、すなわち衣食住の諸対象とそれに必要な道具との生産。他方では、人間そのものの生産、すなわち種の繁殖がそれである。ある特定の歴史的時代に、ある特定の国の人間がそのもとで生活を営む社会的諸制度は、2 種類の生産によって、すなわち一方では労働の、他方では家族の発達段階によって制約される」と指摘している。（『家族・私有財産・国家の起源』新日本出版社、2001 年）

> 「『潜在能力』の維持・再生産・発達の成就と発揮の前提となる物質は、生活手段と生産手段に分けられる。人間は、自然を人間的に作り変えていく事ができるが、これは人間の本質的な要素である。従って、人間としての生活は、生活手段・生産手段をつくりだすとともに、「潜在能力」の維持・再生産・発達の成就と発揮の過程を常に伴っているのである。（宮本みち子「生活とは何か」─松村祥子・その他著『現代生活論』有斐閣、1988 年）

　ところで、現代資本主義社会の生産関係における生活手段（所得や教育制度等）の取得過程と人間の生活活動（機能）の基盤である「潜在能力」の維持・再生産・発達・発揮の成就の過程は、前述した資本主義社会の特徴を参照して述べるならば、次のような特徴を持つ。宮本みち子は次のように指摘する。

> 「生産の中核が資本制生産（資本・賃労働関係）に基づき、利潤を目的とする大規模商品生産に組み込まれた社会である。人間と社会の再生産に必要とされるあらゆる物質が、商品として生産される市場で売買されるのみならず、人間の労働力自体が商品化する（賃労働）ところに、この生産様式の特徴は存在する。生産手段を奪われた労働者階級は、生活手段を自ら生産することができなくなった。そのため、自己の労働力商品を売り、賃金を得て生活手段を購入せざるをえない」（宮本、前掲書）

　生活手段を購入できなければ、生活活動の基盤である「潜在能力」の維持・再生産・発達・発揮も不可能である。福祉利用者の生活問題とは、資本主義社会のもとで必然的に生成する失業、不安定就労、低所得、疾

病、家庭欠損、障害・負傷等の問題を意味する。福祉利用者の多くは、労働者階級や中間階級に属している人々であると言える 。つまり、福祉利用者の生活問題は社会問題である。

　では、こうした福祉利用者の生活問題は主にどのような社会的原因で生成してくるのであろうか。まず階級的問題である。現代資本主義社会における資本は、物質的生産において剰余価値及び特別剰余価値による資本の蓄積を行う。

　マルクスは「資本が蓄積されるにつれて、労働者の状態は、彼の受ける支払いがどうであろうと、高かろうと安かろうと、悪化せざるをえないということになる」(『資本論』③巻大月書店、1972 年、241 ページ)と指摘している。さらに資本の蓄積過程のなかで必然的に過剰人口を生み出す。相対的過剰人口は、基本的には 3 つの形態（流動的過剰人口、潜在的過剰人口、停滞的過剰人口）として存在するが、労働者階級や中間階級等の生活問題は、相対的過剰人口とともに冨の資本主義的な生産及び発展の一つの必須条件となっていのである。

　このように、労働者階級や中間階級等に属している福祉利用者の社会問題としての生活問題の生成は、現代資本主義社会の構造的法則そのものの直接的な表現である。そして、福祉利用者は、唯一所有している労働力の販売によって賃金を獲得しなければ、「潜在能力」の維持・再生産・発達・発揮の成就が不可能であるところに生活問題の根本問題がある。特に障害のある人は労働力の欠損者として見なされている為に失業率が高く、社会福祉の必要性は高い。

　資本の蓄積及び拡大は、相対的過剰人口が存在しなければ不可能である。

　　「資本の蓄積は、沈滞・好況・繁栄及び恐慌という産業循環を経ながら行われる。そして資本の蓄積は、好況・繁栄の時期には突然大規模に行われる。ところが資本の蓄積及び生産拡大が突然大規模に行われる為には、大量の労働力が生産過程に存在しなければならない。しかし、人口の自然増加に

よってこの膨大な労働力を突然供給することは不可能である。急速で大規模な生産拡張が可能なのは、全く相対的過剰人口が常に存在するからである」（宮川実著『マルクス経済学辞典』青木書店、1965年、189 ― 190ページ）

　こうした資本の価値増殖過程は、社会福祉等の社会保障に対する資本に応分の負担を求める一つの社会的根拠である。

　　次に階層的生活問題であるが、この階層的生活問題は前述の階級的生活問題から関係派生的に生成してくるものである。つまり、親の所得水準が低いほど子供の学力低下が見られ、貧困家庭で育った子供は低学歴で終わり、フリーターになる人の大半は高卒、高校中退、中卒という低学歴層なのである。したがって、低学歴者であることは、フリーターになるリスクを背負っていることを意味する（『橋木俊詔著『日本の教育格差』岩波書店、2010年、54頁

　また、財界の企業戦略によって労働者階級等の一員である人々に生活問題が形成され深刻化している。

　　「一部の主力正社員以外は派遣や請負による非正規でまかない、それによって人件費を軽減して企業業績を好転させようとする経済団体連合会の提言どおりの労働法制の規制緩和や労働者派遣制度によって、2003年から2006年までの間に、劣悪な労働条件のパートや派遣社員などの非正規雇用者が300万人増え、今や1,726万人、全体の33,7%にもなっている。」(2007年5月29日の総務省発表の「労働力調査」)

　前述したように、福祉利用者の生活問題は、現代資本主義社会の構造的法則によって必然的に生成してくるものである。さらに重要な点は、福祉利用者の生活問題の中には「潜在能力」の維持・再生産・発達・発揮の成就に必要な生活手段の不足・欠如の側面と、福祉臨床的対象としての「潜在能力」の不足・欠如の側面がある。

　すでに述べているように、現実に人が人間らしい健康で文化的な生活を実感できるのは、日常の生活や社会活動を十分に行っている時である。

福祉利用者の「潜在能力」の問題の第1点は、所得等も含めた生活手段の不足・欠如の生活問題と、そこから生成してきた生活機能の発揮の問題との連関性である。

　福祉利用者の生活問題は、生活手段の不足・欠如であると言う認識と、生活機能の「潜在能力」の不足・欠如と言う認識を区別する事は重要である。同時にそれら2つの問題の連関性にも注目する事が重要である。と言うのは、所得等も含めた生活手段の向上は「潜在能力」の向上と福祉利用者がもっと生産的になり、高い所得等も含めた生活手段を得る能動的・創造的「潜在能力」を拡大する可能性もあるのだからである。

　福祉利用者の「潜在能力」の改善・向上はより多くの所得等に繋がり、その逆だけではない事も期待される。より良い福祉教育と保健・福祉等の改善は、生活の質を間接的に改善するだけではない。それは福祉利用者がより多くの生活手段を得て、生活手段の不足・欠如の問題から自由になる「潜在能力」も増大させるからである。

　福祉教育と保健・福祉等の生活手段がより多くの福祉利用者に及ぶほど、福祉利用者が生活問題に打ち勝つ可能性が大きくなるのである。この連関性は、次のようなある障害のある人の福祉施設（社会福祉法人大木会あざみ寮）において証明されている。

> 「単に『生きているだけ』ではなく『人間らしく生きる』ことが求められているのは言うまでもありません。人間らしく生きるために、憲法では多くの権利を保障しています。人間らしく生きる権利のひとつに『学ぶ』権利があります。どんなに障害が重くとも学ぶ権利があるのです。……学ぶことは、人間らしく生きること、さらにより豊かに生きることを、障害の重い人たちの分野でも証明しているのです」（橋本佳博・その他著『障害をもつ人たちの憲法学習』かもがわ出版、1997年、199頁）

　第2点は、所得等も含めた生活手段と福祉利用者の「潜在能力」の関係は、福祉利用者の年齢や性と社会的役割によって、あるいは場所や医療環境等々の条件によって大きな影響を受けると言う事である。

「財（生活手段─筆者挿入）の特性を機能の実現へと移す転換は、個人的・社会的なさまざまな要因に依存する。栄養摂取の達成という場合にはこの転換は、（1）代謝率、（2）体のサイズ、（3）年齢、（4）性（そして女性の場合には妊娠しているか否か）、（5）活動水準、（6）（寄生虫の存在・非存在を含む）医学的諸条件、（7）医療サービスへのアクセスとそれを利用する能力、（8）栄養学的な知識と教育、（9）気候上の諸条件などの諸要に依存する」（アマルティ・セン『Sen,Amartya.,鈴木興太郎訳、前掲書、42頁』）「従来の福祉観がどちらかというと財貨の側に視点を置いて平等な福祉観を論じてきたのに対し、視点を 180 度転換して、人間の側に移したのです。生存に必要なさまざまなモノは、人間の福祉にあたって不可欠なものであるが、そのモノの価値はそれを活用する人間の「潜在能力」によって可変的である。したがって、人間生活の福祉を考える場合にそれ自体ではなく、それを活用していきる人間の「潜在能力」に視点を移して、その発展を考えなければならない」（『二宮厚美著『発達保障と教育・福祉労働』─全国障害者問題研究会出版部、2005 年、87 頁』）

　人間が生きていく為には衣食住（モノ）が絶対的に必要なので、生活手段の不足・欠如と生活手段以外の「潜在能力」の維持・再生産・発達・発揮を阻害する要因を統一的に捉えることの重要性とその統一的把握が筆者の独創的な生活問題の概念である。

　生活活動・機能発揮とその基盤である「潜在能力」について、アマルティア・センの共同研究者であるマーサ C. ヌスバウムの見解を紹介しよう。

（1）　**生命**　正常な長さの人生を最後まで全うできること。人生が生きるに値しなくなる前に早死にしないこと。

（2）　**身体的健康**　健康であること [リプロダクティブ・ヘルスを含む]。適切な栄養を摂取できていること。適切な住居にすめること。

（3）　**身体的保全**　自由に移動できること。主権者として扱われる身体的境界を持つこと。つまり性的暴力、子どもに対する性的虐待、家庭内

暴力を含む暴力の恐れがないこと。性的満足の機会および生殖に関する事項の選択の機会を持つこと。

(4) **感覚・想像力・思考** これらの感覚を使えること。想像し、考え、そして判断が下せること。読み書きや基礎的な数学的訓練を含む [もちろん、これだけに限定されるわけではないが] 適切な教育によって養われた "真に人間的な" 方法でこれらのことができること。自己の選択や宗教・文学・音楽などの自己表現の作品や活動を行うに際して想像力と思考力を働かせること。政治や芸術の分野での表現の自由と信仰の自由の保障により護られた形で想像力を用いることができること。自分自身のやり方で人生の究極の意味を追求できること。楽しい経験をし、不必要な痛みを避けられること。

(5) **感情** 自分自身の周りの物や人に対して愛情を持てること。私たちを愛し世話してくれる人々を愛せること。そのような人がいなくなることを嘆くことができること。一般に、愛せること、嘆けること、切望や感謝や正当な怒りを経験できること。極度の恐怖や不安によって、あるいは虐待や無視がトラウマとなって人の感情的発達が妨げられることがないこと（このケイパビリティを擁護することは、その発達にとって決定的に重要である人と人との様々な交わりを擁護することを意味している）。

(6) **実践理性** 良き生活の構想を形作り、人生計画について批判的に熟考することができること（これは、良心の自由に対する擁護を伴う）。

(7) **連帯**

> **A** 他の人々と一緒に、そしてそれらの人々のために生きることができること。他の人々を受け入れ、関心を示すことができること。様々な形の社会的な交わりに参加できること。他の人の立場を想像でき、その立場に同情できること。正義と友情の双方に対するケイパビリティを持てること（のケイパビリティを擁護することは、様々

な形の協力関係を形成し育てていく制度を擁護すること
であり、集会と政治的発言の自由を擁護することを意味
する)。

B 自尊心を持ち屈辱を受けることのない社会的基盤を
もつこと。他の人々と等しい価値を持つ尊厳のある存在
として扱われること。このことは、人種、性別、性的傾向、
宗教、カースト、民族、あるいは出身国に基づく差別か
ら護られることを最低限含意する。労働については、人
間らしく働くことができること、実践理性を行使し、他
の労働者と相互に認め合う意味のある関係を結ぶことが
できること。

(8) **自然との共生**　動物、植物、自然界に関心を持ち、それらと拘わっ
て生きること

(9) **遊び**　笑い、遊び、レクリエーション活動を楽しむこと。

(10) **環境のコントロール**

A　政治的　自分の生活を左右する政治的選択に効果的
に参加できること。政治的参加の権利を持つこと。言論
と結社の自由が護られること。

B　物質的　形式的のみならず真の機会という意味でも、
[土地と動産の双方の] 資産を持つこと。他の人々と対等
の財産権を持つこと。他者と同じ基礎に立って、雇用を
求める権利を持つこと。不当な捜索や押収から自由であ
ること。

(Martha C. Nussbaum[池本幸生・その他訳]『女
性と人間開発―潜在能力アプローチ―』岩波書店、
2005 年、92 ― 95 頁)

　これらが維持・再生産・発達・発揮のためには、国連機関が推進して
いる人間開発は重要である。さらに強調したい事は、社会福祉等も含め

た生活手段と福祉利用者の生活活動・機能発揮の基盤である「潜在能力」の関係は、享受する「潜在能力」に連関性があると言う事である。

　福祉利用者にとって社会福祉等は生活手段であり享受主体である。享受主体である福祉利用者と社会福祉労働者（社会福祉労働手段も含む）の間のコミュニケーションによって福祉利用者の「潜在能力」を引き出す事が重要となる。

　「まず第 1 に、社会福祉労働は社会福祉享受主体（福祉利用者）とのコミュニケーションを媒介にし、それを方法として社会福祉享受主体（福祉利用者）に働きかける営みである。第 2 に、社会福祉労働はそれを担う社会福祉労働者と社会福祉享受主体（福祉利用者）との間の他ならぬコミュニケーションを過程として進行する。更に第 3 に、社会福祉労働はコミュニケーション的理性の発揮の中で進められるのである」（二宮厚美『発達保障と教育・福祉労働』）

【第 I 章 参考文献】

- ・宮本みち子、松村祥子・その他著『現代生活論』有斐閣、1988 年
- ・Sen,Amartya., 鈴木興太郎訳『福祉の経済学』岩波書店、1988 年
- ・フリードリヒ・エンゲルス , 土屋保男・その他訳『家族・私有財産・国家の起源』新日本出版社、2001 年
- ・社会科学辞典編集委員会編『社会科学総合辞典』
- ・カール・マルクス『資本論』岡崎次郎訳
- ・宮川実著『マルクス経済学辞典』青木書店、1965 年
- ・財団法人厚生統計協会編『国民の福祉と介護の動向・厚生の指標』増刊・第 59 巻第 10 号・通巻 925 号、2010 年
- ・橘木俊詔著『日本の教育格差』岩波書店、2010 年
- ・2007 年 5 月 29 日の総務省発表の「労働力調査」
- ・野上裕生「アマルティア・センへの招待」絵所秀紀・その他編著『アマルティア・センの世界』晃洋書房、2004 年
- ・石塚雅彦訳『自由と経済開発』日本経済新聞社、2000 年

・橋本佳博・その他著『障害をもつ人たちの憲法学習』かもがわ出版、1997 年

・二宮厚美著『発達保障と教育・福祉労働』全国障害者問題研究会出版部、2005 年

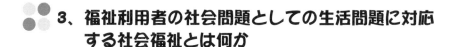

3、福祉利用者の社会問題としての生活問題に対応する社会福祉とは何か

（1）今こそ社会福祉とは何かの本質解明を

　大学の社会福祉学科等を卒業した社会福祉労働者は、大学の教員の社会福祉研究に強い影響を受ける。ところがわが国の近年の社会福祉研究は、社会福祉の本質解明及び現代資本主義社会の生産関係との連関で社会福祉の基本的矛盾と課題の解明がおろそかにされている。福祉実践（福祉労働）の観点が欠落した思弁的な研究や国際的類型論、外国の社会福祉の啓蒙論等にその主要な関心を寄せているものが少なくない。

　今日ほど社会福祉とは何かの本質を解明していく必要がある時はない。大友信勝の以下の懸念は良く理解できる。

　　「新カリキュラムでは、社会福祉の基本的性格全体像を貫く原理や概念を思想、価値、あるいは歴史的な考察が、さらに弱められている。……『社会福祉とは何か』を教育するのに、『社会福祉』から『社会』をとり、『福祉政策と福祉制度』から『現代の福祉』をとりあげるシラバスになっている。社会福祉の政策と対象は相互に関連性をもっているが、政策主体の立場から政策・制度に焦点をあて、そこから『社会福祉とは何か』を取りあげると何がおきやすいだろうか。政策主体の財政の事情を中心に、政策・制度の説明、解釈が論じられ、当事者・利用者の生活問題が二次的になり、社会福祉成立の根拠、発展の思想、運動が軽視されやすくなる」（大友信勝・その他編『社会福祉原論の課題と展望』高管出版、2013年）

　筆者にとって「社会」は一般的な社会を意味するものではなく、現代資本主義社会を意味する。したがって、本章では、現代資本主義社会の

生産関係との連関で社会福祉の基本問題の分析と総合によって社会福祉の法則を究明し、法則に基づいた社会福祉の実践課題と理論の構築について述べる。

　社会福祉の法則とは、資本主義社会の生産関係の条件の下で生成される社会問題としての福祉利用者の生活問題と、これに対応する社会福祉労働自身に内在する資本主義社会における矛盾を意味する。

　一方、社会福祉を考察する理論は、福祉観察や福祉労働等の経験的手続きによって実証された法則的・体系的知識を意味する。福祉利用者が抱える生活問題と、福祉労働者が抱える問題を統一的に説明し予測する事のできる普遍性を持つものでなければならない。

　ところが、社会福祉の法則そのものの解明を否定する考え方もある。

　　「そもそも社会福祉研究は、わが国の『社会福祉理論』の伝統からいうなら『現実の科学』であり、実践の学である。法則定立科学ではなく、実践科学、課題解決型の科学として社会福祉学が存在するというのが社会福祉領域の学界の一般的意見であろう」（栃本一三郎「国際比較制度研究のあり方―制度からの接近」阿部志郎・その他編『社会福祉の国際比較』有斐閣、2000 年、53 頁）。

　これでは他の社会科学の分野から社会福祉は学問ではないと批判されるのも尤もな事である。勿論、社会福祉学は法則の解明に留まるものではない。つまり、筆者が著書『社会福祉学の探究』（小林出版）の第 2 章「社会福祉学の視点」で述べているように、単に社会福祉の福祉研究的認識に留まらず、社会福祉の構造的認識から導き出される社会福祉の福祉実践的認識にまで進まなければならない。

　社会福祉労働等を通して、いかに福祉利用者の「潜在能力」によって人間らしい健康で文化的な生活を成就させていくかの認識は、実践を志向する福祉労働の機能的認識である。したがって社会福祉労働者の認識にとって重要なのは、両者の統一的認識であると考える。つぎに以上の点を踏まえて、社会福祉の基本的矛盾と課題について考察していく。

（2）社会福祉の概念規定
①社会福祉の概念規定
ア、分析の前提

　我々は、日常、個人あるいは家庭で多様な生活手段を消費して、「潜在能力」の維持・再生産・発達・発揮を成就している。何らかの社会的原因（相対的過剰人口や恐慌による失業等）で個人あるいは家庭で「潜在能力」の維持・再生産・発達・発揮を成就していく事が部分的あるいは全体的に不可能になった場合、社会福祉労働が対応していくことになる。

　それでは、現代資本主義社会の社会福祉は全社会的生活過程の中でどこに位置づけられるのであろうか。福祉利用者の潜在能力の維持・再生産・発達・発揮を成就する為には、まずもって飲食、住、衣がなくてはならない。とするならば、社会福祉の土台は物質的生産である。この経済的生活過程の土台の上に社会的生活過程、政治的生活過程、精神的生活過程が位置し、国家等の公的あるいは民間の社会福祉を条件づけるのである。かくして結論的には、社会福祉の基本的矛盾を考察していく場合、資本主義社会の生産関係との連関で考察していく事が重要であると言える。

イ、社会福祉労働の二つの要因の分析

　ところで、社会福祉は対象である福祉利用者を総体的に捉えると、社会福祉の政策主体と福祉利用者を媒介しているのも社会福祉労働であることがわかる。つまり、福祉利用者が実際に日常の生活過程で社会福祉労働を享受し、「潜在能力」の維持・再生産・発達・発揮を成就しているのはであり、政策主体（総資本・国家等）の目的（価値・剰余価値の支配）を取得しているのも社会福祉労働によるものである。

　筆者はこの事実の現象の確認から出発する。そして、福祉利用者の生活手段としての社会福祉労働の担い手は、国家等の公的あるいは民間企業の社会福祉労働以外のボランティア活動や非営利活動が拡大している

とは言え、民間の商品としての社会福祉労働も多く見られる。しかも多くの場合、これらの社会福祉労働は複合的に行われ、また、社会福祉の歴史の発展過程においてその社会福祉労働の量と質は相違する。

　これらの社会福祉労働の事実の現象を通して、社会福祉労働の二つの内在的な要因を分析していく事が重要である。とするならば、社会福祉労働は第一に、生活手段として福祉利用者の何らかの種類の欲望を部分的あるいは全体的に満たしているのである。この欲望の享受は、それが例えば物質的生産物で生じようと、人的サービス、あるいは物質的生産物と人的サービスとの併用で生じようと、少しも福祉利用者にとってその使用価値の事柄の性質を変えるものではない。

　重要なのは、社会福祉労働手段と伴に社会福祉労働が福祉利用者に対象化・共同化 [*] され、福祉利用者の欲望が満たされる事によって、福祉利用者の「潜在能力」の維持・再生産・発達・発揮に部分的あるいは全体的に関係しており、質と量の二重の観点から分析していく必要がある。

[*] 対象化・共同化―「社会福祉労働をひとつの労働過程として捉えた場合、社会福祉労働者がその労働主体となるが、社会福祉労働者と福祉利用者とのコミュニケーション過程の面から見ると、社会福祉の必要性・要求の発信主体は福祉利用者であり、社会福祉労働は福祉利用者の了解・合意を前提にして、ひとつの共受関係に入ることを意味する。そして、社会福祉労働者は福祉利用者の生活活動 [機能] の基盤である「潜在能力」＝抽象的人間生活力に非言語及び言語的コミュニケーションを媒介にして働きかけ、その生活活動 [機能] の基盤である「潜在能力」＝抽象的人間生活力を顕在化（発揮）させる事によって、福祉利用者は人間らしい健康で文化的な生活活動 [機能] の基盤である「潜在能力」＝抽象的人間生活力の維持・再生産・発達・発揮を成就しているのである」二宮厚美著『自治体の公共性と民間委託―保育・給食労働の公共性と公務労働―』（自治体研究社、2000 年）

　福祉労働における使用価値は、福祉利用者の社会福祉労働の使用関係や社会福祉労働の実体（実態）に制約されているので、その使用・享受

関係や実体（実態）なしには存在しない。それ故、社会福祉労働における人的サービスと生活手段の提供そのもの、金銭給付そのもの等との使用・享受関係やその実体（実態）が使用価値なのである。そして、使用価値はどれぐらいの人的サービス、どれぐらいの生活手段、どれぐらいの金銭と言ったような、その量的な規定性が前提とされ、また、実際の使用と享受によってのみ成就される。

　さらにこの使用価値は、原始共同体における相互扶助活動、奴隷社会における都市国家の救済制度、封建社会における農村の荘園の相互扶助活動及び都市ギルドの相互扶助活動・慈善活動と絶対王政下の救貧制度、資本主義社会における社会福祉、社会主義社会における社会福祉、にも存在しており、社会福祉の素材的な内容をなしている。

　使用価値はなによりもまず、多様に異なった量と質でありその有用性であるが、その使用価値を捨象するならば、社会福祉労働に残っているものはその支出形態には関わりのない抽象的人間労働力の支出の、ただの凝固の社会関係のほかにはなにもない。これらの事が意味しているのは、ただ、その福祉利用者に社会福祉労働手段とともに社会福祉労働者の抽象的人間労働が対象化・共同化され、福祉利用者の体内に抽象的人間労働力が積み上げられ成就されていると言うことだけである。

　このような社会福祉労働の社会関係の結晶として、これらのものを価値と言う。つまり、抽象的人間労働が価値になるのは、人間の存在の根本的要素である自然素材と抽象的人間労働とが結合し、凝固状態の社会関係にあるからである。とするならば、福祉利用者（人間）といえども自然素材であり、社会福祉労働者の労働が労働手段とコミュニケーションを媒介として対象化・共同化され、福祉利用者がそれを享受し、「潜在能力」の維持・再生産・発達・発揮を部分的あるいは全体的に成就しているのである。

　しかし、資本家はややもすると福祉利用者を労働力の欠損者あるいは無労働力者として認識しがちであり、価値の社会的実体とは無関係であ

ると見なしがちである。この認識は事実に反する。例えば、障害者総合支援法において障害のある人 [*] が授産施設において特定の製品の生産活動を通して、自らの生活活動（機能）の基盤である「潜在能力」の維持・再生産・発達・発揮を成就しているのは最も良い例である。

> [*] 本章で「障害者」と言う用語を使用しない理由は、「障害者」と言う用語があたかもその人の全人格を決定づけ、他者と完全に異なる社会的集団であるかのような誤解を与えやすいからである。

では、価値の大きさはどのようにして計られるのであろうか。それに含まれている価値を形成する社会的実体の量、すなわち社会福祉労働の量によってである。社会福祉労働の量そのものは、その社会福祉労働の継続時間で計られ、労働時間いわゆる一時間とか一日とかと言うような一定の時間部分をその度量標準としている。そして、価値はその社会福祉労働中に支出される労働量によって規定されると考えられる。そして、ある社会福祉労働者が怠惰または不熟練であればあるほど多くの労働時間を必要とするので、価値が大きいと思われるかも知れない。しかし価値の社会的実体をなしている労働は、同じ抽象的人間労働力である。社会福祉労働界の価値となって現れる総労働は、無数の個別的労働から成り立っているが、ここでは一つの同じ抽象的人間労働力と見なされるのである。

これらの個別的労働のおのおのは、それが社会的平均労働という性格を持ち、このような社会的平均労働として作用し、従って社会福祉労働においてもただ平均的に必要な、または社会的に必要な労働時間とは、現在の社会的に正常な社会福祉労働の条件と、社会福祉労働の熟練及び強度の社会的平均度をもって、価値の維持・再生産・発達の為に必要な労働時間である。

それゆえ、ある福祉労働の価値を規定するものは、福祉労働者の労働力を再生産するのに必要な労働の量、即ち必要な労働時間だけである。ところが、資本主義社会の生産関係に規定された国家の機関である旧厚

生省は、社会福祉等の「『人間投資』は、経済発展の基底をなすもの、経済発展がそこから絶えず養分を吸収しなければならないもの」と考えており、社会福祉労働者の再生産に必要な労働力商品の価値総額よりも高い価値の創出を欲するのである。つまり民間企業でいうところの「利益」を期待しているわけである。

　国家は、国家財政を通して社会福祉労働者に労働力の価値（賃金）を支払うが、社会福祉労働者が一労働日（一日の労働時間）中に福祉利用者に対象化・共同化した価値は、社会福祉労働者自身の労働力の価値とこれを超過する部分とを含む。即ち、一労働日は必要労働＝支払い労働と剰余労働＝不払い労働との二つの部分からなるのである。このように、社会福祉労働過程での剰余労働によって作り出された部分の価値を剰余価値と言う。社会福祉労働過程で剰余価値が形成されていることは、社会福祉労働者は搾取されていることを意味する。そして、物質的生産・サービス企業の資本にとって最も不可欠な生産要素である労働者そのものの生産・再生産は、資本の生産・再生産過程の一契機であるにも拘わらず、「国家財政支出の削減による追加搾取がなされ」や消費税の増税などで国民に社会福祉の財政責任を転嫁している。

　さらに一般的に、個別資本家側は社会福祉を空費と見なしがちである。しかし、もしも相対的過剰人口の一員である福祉利用者が存在しなければ、価値及び剰余価値を究極の目的としている総資本にとって、資本の蓄積及び拡大は不可能である。

> 「資本の蓄積は、沈滞・好況・繁栄及び恐慌という産業循環を経ながら行われる。そして資本の蓄積は、好況及び繁栄の時期には、突然大規模に行われる。ところが資本の蓄積及び生産拡大が突然大規模に行われるためには、大量の労働力が生産過程に存在しなければならない。しかし、人口の自然増加によってこの膨大な労働力を突然供給する事は不可能である。急速で大規模な生産拡張が可能なのは、全く相対的過剰人口がつねに存在するからである」（宮川実著『マルクス経済学辞典』青木書店、1965 年 190 ページ）。

この点と価値増殖過程における搾取に社会福祉等の社会保障に対する資本の責任と高負担を要求していく社会的根拠があると断定できるが、その負担の大部分が国の予算執行をつうじて国民に転嫁されている。このように社会福祉は、福祉利用者の「潜在能力」の維持・再生産・発達・発揮に役立つ使用価値と、現代資本主義社会の資本の再生産を保障する任務を果たす矛盾した統一体として存在している。

　独占資本の段階において、社会福祉の実現は、生活困難な状況下にある人々の困難からの解放を求めてとりくまれてきた社会福祉運動等に対する譲歩である。現代資本主義社会において福祉利用者のような労働者階級等に属している人々は生産手段・生活手段から疎外されており、生活困難は必然的である。生活困難な状況下の福祉利用者は、自分の立場を認識し、福祉の必要性を認識し人間としての生存を求めて国家に社会福祉を要求していく社会福祉運動に赴かせざるを得ないのである。それは「あらゆる社会運動の実際の土台であり、出発点である」(エンゲルス『イギリスにおける労働者階級の状態』大月書店、1981 年、9 ページ)。

　以上の述べてきたよって社会福祉とは何か、筆者の独自の本質的定義を示すならば、以下のように定義を行う事ができる。つまり、社会福祉とは、現代資本主義社会の生産様式に絶対的に規定されて生成してきた社会問題としての生活問題(生活手段の不足・欠如から関係派生的に生成してきた生活主体者の生活活動 [機能] の基盤である潜在能力の維持・再生産・発達・発揮の阻害 [福祉利用者の潜在能力の不足・欠如]の生活問題と生活手段の不足・欠如)の担い手である労働者階級や中間階級等の相対的過剰人口の一員を中心とした人々の生存権的平等保障活動・運動に影響されて、社会問題としての生活問題の担い手に向けられた総資本の為の価値の形成・支配と剰余価値の取得・支配の国・地方自治体の社会福祉の総称であって(本質＝構造的認識)、その本質の現象的表現は、部分的あるいは全体的に福祉利用者の生活問題に対応する精神的・物質的な支援及び保護等の使用価値を、公私の社会福祉労働及び活動・

コミュニケ―ションの生活手段を媒介として、個別的・集団的・組織的及び総合的に保障し、それらの生活手段を福祉利用者(生活主体者)が享受し、人間らしい健康で文化的な生活活動(機能)の基盤である潜在能力・抽象的人間生活力・抽象的人間労働力の維持・再生産・発達・発揮を日常の生活過程で成就するところにあると言える(機能的認識)。

(3) 本源的規定における社会福祉の使用価値の支援(労働)行為

　社会福祉の本源的規定においては、現代資本主義社会と言う歴史的規定を捨象する事が必要であり、どんな経済的社会構成体にも存在している事に焦点をあてて論じていく。つまり、社会福祉の使用価値を享受する事によって、「潜在能力」の維持・再生産・発達・発揮を成就している事は、人類史の全過程に貫かれている人間にとって永遠に、そして根源的な課題である。なぜなら、現在の社会福祉の使用価値の享受に関係する支援行為は、現代資本主義社会以前の社会における相互扶助、慈善事業・活動、救貧事業・活動にも見られる。

　最初に相互扶助を見てみよう。原始共同体における相互扶助が当時の低生産力水準に規制された共同体内部における所有・生産・生活等の共同に基づいたものであったかも知れない。しかし同時に、他人の生活困難を支援する最も端緒的かつ自然発生的及び主体的な行為であった事は言うまでもない。とするならば、支援対象者にとっての使用価値の享受への部分的あるいは全体的な支援(労働)行為の始まりは、私的(個人)としてではなく、公的な性質の可能性を帯びた共同体(集団)で行われていたと言っても良い。また、救貧法においても、労働意欲のない労働可能者に対する処罰は厳しかったとは言え、支援(労働)対象者のような労働無能力者として見られがちなものは、「公共的な管理のもとに再建された救治院や救貧院に収容されるか、院外救済が与えられ」て、使用価値の享受に部分的あるいは全体的に関係していた。

　さらに、支援対象者に対する慈善活動は、支援行為者の心情的動機に

よる実践であり、支援行為者の自律を前提とするとは言え、支援対象者にとっての使用価値に部分的あるいは全体的に関係していた。それ故、社会福祉は第一にどんな特定の経済的社会構成体に関わりなく考察しなければならないのである。

とするならば、社会福祉は第一に、支援行為者と支援対象者との間の支援過程である。この過程で支援行為者は、支援対象者に対して支援行為者自身の行為（コミュニケーションも含む）によって媒介し、規制し、制御するのである。支援行為者は、支援対象者にとっての使用価値に部分的あるいは全体的に関係する為に、支援行為者の身体に備わる自然力、腕や脚、頭や手を動かす。支援行為者は、この運動によって支援対象者にとっての使用価値に部分的あるいは全体的に関係し、そうする事によって、同時に支援行為者自身をも変化させる。支援行為者は、自分自身の自然の内に眠っている潜勢力を発現させ、その諸力の営みを自分自身の統御に従わせる。それ故、支援行為は合目的的な活動と言う事である。と言うのは、支援行為者は支援対象者を対象として、支援行為者の目的を実現するのである。その目的は、支援行為者の頭脳の中に存在している。

また、支援行為の過程の単純な諸契機は、合目的的な活動または支援行為そのものとその対象とその手段である。そして、支援行為の対象は、生活活動の基盤である「潜在能力」の維持・再生産・発達・発揮の困難な状況下にいる支援対象者である。さらに支援行為の手段は、支援行為者によって支援行為者と支援対象者との間に入れられて、支援対象者への支援行為者の働きかけの導体として、支援行為者の為に役立つものまたは色々な物の複合体である。

それ故、支援行為者は、その手段の色々な物的、物理的、科学的、栄養的、医学的、教育的等の性質を利用して、それらの物を、支援行為者の目的に応じて、他の色々な物に対する力手段として作用させる。土地と自然環境も支援行為の手段になる。要するに、支援行為の過程では、

支援行為者が支援行為の手段を利用して、支援対象者の「潜在能力」の維持・再生産・発達・発揮に部分的あるいは全体的に関係しているのである。

　これまで筆者がその単純な諸契機について述べてきたような支援行為の過程は、支援対象者にとっての使用価値の享受の合目的的な行為である。また生活活動の基盤である「潜在能力」の維持・再生産・発達・発揮の成就と言う支援対象者の欲望を部分的あるいは全体的に満足させるものであり、さらに支援行為者と支援（労働）対象者との一般的な条件であり、全歴史を貫徹している自然条件である。従って、ある特定の経済的社会構成体に存在している相互扶助、慈善活動、救貧法、社会福祉に等しく共通なものである。それ故、筆者はどんな歴的な条件のもとで社会福祉が行われているかと言う点を捨象したのである。

（4）歴史的規定における価値・剰余価値の社会福祉

　前述においては、歴史的規定の入りこまない使用価値の支援行為の考察であった。そこで次に、歴史的規定における価値・剰余価値の社会福祉を考察して見よう。

　現代資本主義社会の生産関係に絶対的に規定された国家は、社会福祉のもう一つの要因、すなわち総資本が価値・剰余価値を支配し取得する事を促進する。

　現に社会福祉基礎構造改革によって、総資本が価値・剰余価値を支配し取得していく事を促進する事が図られている。

> 「①これまで公立や社会福祉法人運営を原則にしてきた社会福祉分野への民間営利企業の参入。②社会福祉サービス提供・給付制度の措置制度から民法上の契約制度への変更。③社会福祉利用にともなう費用負担体系の『応能負担』主義から『応益負担』主義への変更。④生存権の権利保障体系から契約制度を合理的に機能させるための手続き的『権利擁護制度』に限定された方向への転換」（『社会福祉辞典』大月書店、2002 年、237 ㌻）

こうした社会福祉基礎構造改革後の社会福祉においては、市場原理が導入され、ますます剰余価値（利潤及び収益性）の要因が高まり、以下のような矛盾が深刻化してくる。

　矛盾の第 1 点は、福祉利用者を事業者や福祉施設に利益をもたらす消費者として捉えられ、福祉利用者が担っている社会問題としての生活問題が看過されると言う矛盾である。

　福祉利用者と言う用語は、一見、福祉利用者主体（消費者主体）の意向が反映されているような表現であるが、この用語を使用する場合、常に念頭に置かなければならない点は、福祉利用者が担っている生活問題の社会問題性である。

　人権保障としての生存権的平等が、社会問題としての福祉利用者の生活問題を前提条件としているのは言うまでもないが、この点の認識が曖昧なものになってしまうと、国（地方自治体も含む）の公的責任も曖昧になってしまう。また、社会福祉基礎構造改革後の社会福祉においては、福祉利用者を一方的かつ単なる消費者として捉えている。果たしてそのような関係のみに捉えるのが妥当であろうか。

　共同作業所における福祉実践（福祉労働）が示しているように、福祉労働者と福祉利用者は単なる消費者としての関係ではない。

> 「我々の歴史は当初から『同じ人間としての人格の対等平等』関係を大切にしてきたし、私たちの原点は、『障害者・家族の願いに応え』『障害者を主人公として』『仲間』として表現されているように、共に創る関係、共に困難を切り拓く関係であり、立場の違いや内部矛盾を内包しつつも、協力と共同関係、共感と信頼関係を基本として創られてきた歴史が」（共同作業所全国連絡会編『実践・経営・運津の新たな想像を目指して』1984 年、8 ― 9 ㌻）

　矛盾の第 2 点は、利用制度（契約制度）の導入によって、福祉利用者と福祉施設・福祉事業者との対等関係が阻害されていると言う事である。政府は、「利用者と事業者とが対等の関係になる」[*]と述べているが、

果たして対等な関係が成立するのであろうか。

[*]「社会福祉基礎構造改革では…、措置制度に代わり利用制度に転換することとされた。利用制度では、利用者が自ら自分の好む福祉サービスの種類と事業者を選択することができる。利用者と事業者とが対等の関係になるのである。」

　小松隆二氏が指摘しているように、利害の競争によって対等性は損なわれると言う事である。また、福祉利用者と福祉施設・福祉事業者との対等関係と言う美辞麗句の言葉の裏に隠されている、言わば義務と責任を全て福祉利用者の当事者に負わせる「商品取引モデル」が社会福祉において妥当であるかと言う問題が存在している。

「需給どちらの側に立とうと、市場参加者は基本的には自立し、それぞれが任意に参加し、対等の立場に立つ。その反面で、対等性の上に展開される利害の競争を前提にするので、市場で出会う需給両者は、利害がつねに一致するのではなく、むしろしばしば対立する。商品を供給するものは、できるだけ高価に、利益が多く出るように販売しようとするのに対し、需要するものは、できるだけ安価に購入し、コストを低くするように努める。いわば債権・債務関係であり、両者が利害を一つにするというよりも、むしろ利害を異にするのが常である。その結果は、出発点の任意性や対等性の原則を否定するかのように勝ち負け、不平等、差別の発生であった」（小松隆二著『公益学のすすめ』慶応義塾大学出版、2000 年、76 ㌻）

「福祉サービスの提供が、他の消費者問題と決定的に異なるのは、利用者にとって福祉サービスを受ける事が、生存や日常生活の維持に必要不可欠であり、譬えどんなサービスであっても取り敢えずの生存を確保する為に利用をせざるを得ないものである事、しかも施設であれば 24 時間、在宅や通所のサービスでも一定の時間、サービス提供者と継続的な関係を維持しなければならないと言う特殊な関係性を有している事である。この関係性から、そもそも利用者自身が、事業者と対等な関係に立って、自己に適切なサービスを選択して契約を締結したり、サービスの提供内容について要望や苦情を出してサービスの質の改善を求める事には、内在的・本質的な制

約があるといってもいいのである」（日本弁護士連合会 高齢者・障害者の権利に関する委員会編『契約型福祉社会と権利擁護のあり方を考える』あけび書房、2002年、108ページ）

矛盾の第3点は、福祉利用者の自立を支援していくと言いながら、福祉利用者の自立を阻害していると言う矛盾が存在している。

「社会福祉で今日最も大切な基本理念の一つは、個人の尊厳である。憲法第十三条に掲げられているが、一人ひとりが一人の人間として尊重され、プライドをもって自己実現を図っていく事である。これは個人としての自立という事にも連結する。人間としてその人らしく自立する事は、個人の尊厳を保持する事と同じである。この自立を支援する事が、社会福祉の機能である」（炭谷茂編『社会福祉基礎構造改革の視座』ぎょうせい、2002年、10ページ）

炭谷は上記のように述べているが、果たして自立生活を支援する事になっているのであろうか。

つまり、障害のある人々の障害者総合支援法を例にして考えれば、「利用者の負担は、世帯の家計の負担能力に応じたものとするのが原則」となっているが、世帯単位で費用負担を決定している事が自立生活の阻害に連結していると言う事である。なぜなら、福祉利用者の負担能力において扶養義務者の所得をも加味することは、障害のある人々が福祉サービスを利用するに当たって扶養義務者の意向を無視する事ができなくなり、障害のある人々が扶養義務者から自立する事ができなくなるからである。

矛盾の第4点は、社会福祉政策は本来、使用価値＝公益を高めていくものでありながら、むしろ使用価値＝公益を阻害していると言う矛盾が存在している。

「社会福祉そのものは、資本の論理や営利活動とは原則として相いれず、非営利の公益原理に基づくものである。国・自治体の福祉に関する政策や活動は勿論、民間の団体や個人の福祉に関する処遇やサービスのような事業・

活動も、原則として公益原理に沿うものである」（小松、前掲書、161 ―
162 ㌻)

　現在、市場福祉を促進し、減価償却費の導入など一般企業の会計シス
テムを基本として利益の追求が目指されている。

　矛盾の第 5 点は、市場福祉における競争によって福祉サービスの質
の向上が予定されているにも拘わらず、むしろ福祉サービスの質の低下
を招いていると言う矛盾が存在している。福祉サービスの質を規定して
いるものは、社会福祉労働手段等もさりながら社会福祉労働者自身の質
が大きく規定しているし、また、社会福祉労働者自身の質を規定してい
るものは訓練・資格や労働条件等である。ところが、福祉施設・福祉事
業者が利益を高めていく為には剰余価値を高めていく必要があり、その
為には社会福祉士や介護福祉士等の無資格者の採用や低賃金かつ劣悪な
労働条件を強いると言う矛盾が生成している。

　ゼンセン同盟・日本介護クラフトユニオンの 2000 年 6 月から 7 月
にかけての「介護事業従事者の就業実態調査」の結果は次のとおりであ
る。

　　　「給与の支給形態は、時間給 45.8%、月の固定給が 45.1% である。時間給
　　　制では、1,000 円台が 41% と最も多く、1,500 円未満と合わせると 70%
　　　に及ぶ。一方、月の固定給制では、金額で最も多い層が 15 万円から 20 万
　　　円が 53%、次いで 20 万円から 25 万円が 23.3%、そして 15 万円未満が
　　　14.9% であった。また、通勤費については、一部負担が 13.4%、なしが
　　　20.6% に及ぶ。業務に就く為の移動時間については、有給が 50% 強に留
　　　まっている。なお、待機時間については、登録ヘルパーの 91.5%、パート
　　　ヘルパー 57.3% が無給となっている。ヘルパーの雇用形態が、正規・常勤
　　　ヘルパーの解雇・非常勤・パート化、有償ボランティア・登録ヘルパーへ
　　　の転換など、雇用・身分の不安定化が急速に進んでいる」

　また、介護福祉士や社会福祉士訓練もおろかにされている。こうした
雇用形態や労働条件等の労働実態から言える事は、実質的な福祉サービ

スの質の低下を招いていると言える。

　矛盾の第 6 点は、民間企業の参入促進等の市場福祉が図られている一方において、国や地方自治体の公的責任の縮小が行われていると言う矛盾が存在している。

　社会福祉基礎構造改革後の社会福祉においては、福祉利用者が福祉サービスを市場で購入する事を前提に、福祉利用者の購買力を公費や保険給付の形で補完すると言う利用者補助方式を導入した点にある。

　　　「こうした利用者補助方式では、行政責任として現れる国や地方自治体の公的責任の範囲は、従来の措置制度のもとでのサービスの提供と言った直接的なものから利用者の購買力の補完、さらにはサービスの調整などといった間接的なものに縮小、矮小化される。」伊藤周平著『社会福祉のゆくえを読む』大月書店、2003 年、36 ㌻）

　　　「福祉サービスの供給は、営利法人も含めた民間事業者に委ねる事を前提に、そうした民間企業の誘致などを行う事が『供給体制の整備』とされている」、その結果、基盤整備の不十分さが存在している。（伊藤、前掲書、37 ㌻）

　因みにその実態を見ると、「きょうされん」＊が 2002 年 3 月末日を基準日に実施した「障害者の為の社会資源の設置状況等についての調査」によれば、「支援費制度の対象となる福祉施設・事業所をすべて備える市町村は皆無であり、また、これらの福祉施設・事業所がまったくない市町村が 14.9% もあると言う結果が明らかになっている。

　　＊「きょうされん」―共作連（共同作業所全国連絡会）

　さらに福祉施設・事業別に見ると、通所型福祉施設がない（73.0%）、グループホームがない（73.1%）、デイサービスがない（86.6%）、ショートステイがない（60.9%）となっている。」こうした基盤整備の不十分さの結果、福祉利用者の福祉サービスの選択も抑制され、選択と言う言葉の形骸化が生成してくる。

　矛盾の第 7 点は、社会福祉政策が市場福祉（契約制度）に従属（補完）している為、権利擁護システムが形骸化していると言う矛盾が存在して

いる。

> 「事業者と利用者との当事者間で解決できない苦情に関しては、都道府県社
> 会福祉協議会に設けられた運営適正化委員会により解決をはかるとされ、
> また市町村も、サービス利用に関する苦情又は相談に応じることとされて
> いる。事業者に対する直接の指導監督は都道府県が行い、市町村は実施主
> 体であるが、指定取り消し等の権限を有しているわけではないため、苦情
> 解決といっても、ほとんど形骸的な苦情相談で終わっているのが実情であ
> る」伊藤、前掲書、136 ― 137 ㌻）

　このように現行の権利擁護事業は、形骸化が進んでいる。つまり、権
利擁護事業は、市場福祉に従属し、判断能力が不十分な人々が自己責任
により福祉サービスを購入する事を可能にする為の役割を担わされてい
ると言ってもよい。

　矛盾の第8点は、社会福祉において追加搾取を強めていく為に、不
公平税制を強め、その一方において、社会福祉における応益負担（社会
福祉の利用の際の利益に応じて費用を負担する事）の強化と社会福祉財
政の削減・圧縮（垂直的所得再分配の絶対的な縮小を意味する）・抑制
策の強化と言う矛盾が深刻化する。

> 「所得階級別の所得税負担は、高所得層ほど金融所得が多くて分離課税の恩
> 恵を受けるので、合計所得が一億円を超えるほど負担率が低くなっている」
> （梅原英治「財政危機の原因と打開策としての福祉国家型財政」二宮厚美・
> 福祉国家構想研究会編『福祉国家型財政への転換』大月書店、2013 年、
> 129 ㌻）

（5）統一（総合）規定における社会福祉と課題

　前述の矛盾を打開し、福祉利用者にとっての使用価値を高めていく社
会福祉の実践（労働）課題を考察していこう。

　まず第1点の課題は、社会福祉労働者の労働力の再生産に必要な労
働諸条件社会化である（労働条件の社会化については本書「終章」参照）。

第2点の課題は、消費税の増税によらず、所得税・法人税・資産課税を再生することである。所得税では、累進率を少なくとも1998年水準（最高税率75%）に回復する必要がある。また、法人税では、2015年からの税率引き下げを中止し、さまざまな大企業優遇措置をやめることである。タックスヘイブンなどを利用した国際的租税回避は徹底的に防止することである。

　第3点の課題は、障害のある人の総合支援法をはじめとした福祉関連諸法にも、福祉利用者の権利性を規定する規定が盛り込められなかったという問題がある。それ故、次のような具体的な権利の法制化が課題である。

　　　「(1) 社会福祉の給付請求の権利、(2) 社会福祉の支援過程の権利、(3) 社
　　　会福祉の費用負担の免除の権利、(4) 社会福祉の救済争訟の権利、以上4
　　　つの権利である」（具体的な権利の法制化については本書「終章」参照）。

　第4点の課題は、福祉利用者が社会福祉労働を効率的に享受し人間らしい健康で文化的な生活を成就する為にも、福祉利用者の「潜在能力」の顕在化（発揮）保障の確立と福祉教育等による機能的「潜在能力」の発達である。

　従って、福祉サービス（手段）そのものの不足・欠如のみの評価に固執するのではなく、さらに手段を目的に変換する福祉利用者の能動的・創造的活動と「潜在能力」の不足・欠如にも注目していく必要がある。

　もし福祉利用者に「潜在能力」の不足・欠如があるならば、これらの機能的「潜在能力」の発達の為の学習活動や支援活動等が必要であり支援していく事が課題である。

　そして、「潜在能力」の発達の学習活動や支援活動等の実践例として次のような障害のある人の福祉施設（社会福祉法人大木会「あざみ寮」）での社会福祉労働が挙げられる。

　　　「単に『生きているだけ』ではなく『人間らしく生きる』ことが求められて
　　　いるのはいうまでもありません。人間らしく生きるために、憲法では多く

の権利を保障しています。この人間らしく生きる権利の一つに『学ぶ』権利があります。どんなに障害が重くても学ぶ権利があるのです、……学ぶことは、人間らしく生きること、さらにより豊かに生きることを、障害の重い人たちの分野でも証明しているのです。」（橋本佳博・他『障害をもつ人たちの憲法学習』かもがわ出版、1977 年、42 ㌻）

　つまり、社会福祉労働は、福祉利用者の「潜在能力」の維持・再生産・発達・発揮が成就できる生活活動の支援の課題である。

　第 5 点の課題は、社会福祉労働者が福祉利用者の能動的・創造的活動と受動的・享受活動の「潜在能力」の認識を支援していく事を現場での労働経験によって積み重ね、「潜在能力」を引き出すコミュニケーション能力を向上させていくことが課題である。それには社会福祉労働者の労働・賃金条件の保障と職場での裁量権・自治の確立が必要である。

　第 6 点の課題は、今後、市町村を中心とした地方主権型福祉社会が重要であるならば、地方主権型福祉社会の財政（財源）的基盤となる地方主権的財政（財源）システムを構築していく事である。人間らしい健康で文化的な最低限度の生活保障である社会福祉の推進の財政（財源）に市町村間の格差が発生した場合、国の地方交付税によって是正していく事が必要となる（地方主権型福祉社会の財政については、本書「終章」参照）。

　第 7 点の課題は、社会福祉財政の削減・圧縮・抑制と社会福祉法制度の改悪に反対する運動が必要である。社会福祉の発展を図り福祉利用者にとっての社会福祉の使用価値を高めていく為には、社会福祉の歪みを正し、福祉利用者の人間的欲求に見合った社会福祉の発展を図っていく必要がある。

　小泉内閣時代の構造改革の基調であった適者生存的な市場原理や公的責任の縮小だけが残るとすれば、国民の求める社会福祉に逆行することは言うまでもない。それ故、生活の場である地域（市町村）から、地域住民の社会福祉の必要性や福祉現場の実情を踏まえた議論を積み重ねて、

どのような社会福祉が望ましいのかについての合意を形成する事が求められている。

　さらに重要なのは、それぞれの市町村において、高齢者運動・保育運動・障害のある人の当事者運動等が相互に社会福祉労働者の労働組合等と連携を模索しながら、社会福祉基礎構造改革後の社会福祉に内在している矛盾と福祉実践（福祉労働）課題を多くの地域住民に知らせ、その矛盾をそれぞれの市町村における政治的争点にしていく運動の広がり、また運動の側から、社会福祉再編の構想を提示していく活動が、社会福祉の普遍化や福祉利用者本位等の社会福祉の形成に連結していくものであり、いま早急に運動側からの社会福祉再編構想の提示が求められていると考えられる。

【第II章 参考文献】

- ・社会科学辞典編集委員会編『社会科学辞典』新日本出版社、1967 年
- ・大友信勝「社会福祉原論研究の意義と課題」（大友信勝・その他編『社会福祉原論の課題と展望』高管出版、2013 年
- ・栃本一三郎「国際比較制度研究のあり方─制度からの接近」（阿部志郎・その他編『社会福祉の国際比較』有斐閣、2000 年
- ・カール・マルクス（武田隆夫・その他訳）『経済学批判』岩波書店、1956 年
- ・アマルティア・セン（鈴木興太郎訳）『福祉の経済学』（岩波書店、1988 年）。
- ・松村一人著『変革の論理のために』（こぶし書房、1997 年、41 頁）。
- ・宮本みつ子「生活財の体系」（松村祥子・その他著『現代生活論』有斐閣、1988 年、）。
- ・富沢賢治「社会構造論」『労働と生活』世界書院、1987 年
- ・マルクス＝エンゲルス（真下信一訳）『ドイツ・イデオロギー』（大月書店、1992 年）
- ・真田是編『社会福祉労働』（法律文化社、1975 年）
- ・二宮厚美著『公共性と民間委託─保育・給食労働力の公共性と公務労働─』（自治体研究社、2000 年、122 頁）。

・高島進著『社会福祉の歴史』(ミネルヴァ書房、1994 年、10 頁)。

・バースニ・Q・マジソン(光信隆夫・その他訳)『ソ連の社会福祉』(光生館、1974 年)。

・1959 年度版『厚生白書』、13 頁。

・宮川実著『マルクス経済学辞典』(青木書店、1965 年)

・エンゲルス『イギリスにおける労働者階級の状態』(大月書店、1981 年)

・孝橋正一著『全訂社会事業の基本問題』(ミネルヴァ書房、1993 年、165 頁)。

・有田光男著『公共性と公務労働の探求』(白石書店、1993 年、165 頁)。

・Bill, Were., 河東田博・その他訳『ピープル・ファースト:支援者のための手引き』(現代書館、1996 年、92 頁)。

・岡村重夫著『社会福祉原論』(全国社会福祉協議会、1983 年、6 頁)。

・右田紀久恵・その他編『社会福祉の歴史』(有斐閣、1982 年、24 頁)。

・池田敬正著『日本社会福祉史』(法律文化社、1986 年、45 ― 430 頁)。

・真田是「社会福祉の対象」(一番ケ瀬康子・その他編『社会福祉論』有斐閣、1968 年、45 頁)

・共同作業所全国連絡会編『実践・経営・運動の新たな創造を目指して』(1984 年、8 ― 9 頁)。

・炭谷茂編『社会福祉基礎構造改革の視座』(ぎょうせい、2002 年、10 頁)。

・小松隆二著『公益学のすすめ』(慶応義塾大学出版、2000 年、76 頁)。

・日本弁護士連合会高齢者・障害者の権利に関する委員会編『契約型福祉社会と権利擁護のあり方を考える』(あけび書房、2002 年、108 頁)。

・福祉行政法令研究会著『障害者総合支援法がよ～くわかる本』(株式会社　秀和システム、2012 年、26 頁)。

・加藤薗子「社会福祉政策と福祉労働」(植田章・その他編『社会福祉労働の専門性と現実』かもがわ出版、2002 年、27 ― 28 頁)

・伊藤周平著『社会福祉のゆくえを読む』(大月書店、2003 年、36 頁)。

・梅原英治「財政危機の原因と、打開策としての福祉国家型財政」(二宮厚美・福祉国家構想研究会編『福祉国家型財政への転換』大月書店、2013 年、129 頁)。

・不破哲三『マルクスは生きている』（平凡社、20001 年、155 頁）。

・聽濤弘著『マルクス主義と福祉国家』大月書店、2012 年、150 頁）

・河野正輝「生存権理念の歴史的展開と社会保障・社会福祉」（社会保障・社会福祉大事典刊行委員会編『社会保障・社会福祉大事典』旬報社、2004 年、482 ― 486 頁）

・橋本佳博・その他『障害をもつ人たちの憲法学習』（かもがわ出版、1997 年、42 頁）。

・二宮厚美『発達保障と教育・福祉労働』（全国障害者問題研究会出版部、2005 年、96 頁）。

・神野直彦・その他編『福祉政府への提言』岩波書店、1999 年、296 ― 301 頁

第III章

 4、福祉利用者の福祉の成就を支援していく社会福祉労働論

(1) 生存権的平等の保障

　社会問題としての生活問題をかかえた福祉利用者にとって最も重要なのは生活活動（機能）の基盤である「潜在能力」の維持・再生産・発達・発揮のである。

　福祉利用者の誰でもが、たった一つしかない「潜在能力」を持つ権利があり、このたった一度しかない人生を有意義に生きる権利を持つ。この人間らしく健康で文化的に生きる権利、つまり、生存権的平等が保障されてこそ、社会問題としての生活問題を担った人々は、他の色々な基本的人権を行使できるのである。

　また、この生存権的平等が保障されないのでは、他の全ての権利は無に帰するほかはない。ところで、この生存権的平等の保障と言う点で、生活問題をかかえた人々も含めた大多数の人間は生まれた時から死ぬまで、何らかの社会福祉労働を享受しなければならない。この点で、「潜在能力」の維持・再生産・発達・発揮を保障する精神代謝労働及び物質代謝労働の内で、この社会福祉労働ほど、「潜在能力」の維持・再生産・発達・発揮の成就に関わる貴重な仕事、重要な労働はないと言っても過言ではない。

　ところが、このように全ての人間にとって不可欠の役割を果たす人々の社会福祉は危機的な状態にある。

　前述したように全ての人間にとって不可欠の役割を果たす社会福祉は、危機的な状態にある。そして、この危機的な状態を克服していく為の社

会福祉労働・運動の発展の為にも、社会福祉労働の理論的諸問題が研究されなければならない[3]。そして、福祉現場で実用主義的な福祉労働が横行している状況下で、科学的な福祉理論に基づいた福祉労働を行っていくことが重要である。

　本章では、以上の課題意識の下に、社会福祉の危機を打開する方向をも提示する福祉利用者にとって使用価値の高い社会福祉労働の理論的考察を行っていく。

（2）労働と社会福祉労働

　人間の生存にとって自然に働きかけて物質的富を生産及び再生産する物質代謝労働が、あらゆる社会形態から独立した人間生活の永久的な自然条件である。それは、人間それ自身の生産の為にも、福祉利用者の人間的な維持・再生産・発達・発揮の為にも必要だったのである。

　こうした意味をもつ人間の労働過程を本質的に特徴づけているものは何であろうか。それは、なによりもまず、目的意識的で計画的な活動であると言う点にある。

　人間の労働においては、目的意識的で計画的な活動に注目しなければならない。

　その目的は法則として社会福祉労働者の労働の仕方を規定するものとなるであろう。従って、社会福祉労働者が予め自分の社会福祉労働の目的とその実現の仕方とを意識する能力は、福祉利用者の客観的世界の合法則を意識の内に反映する能力、この認識能力と社会福祉労働者の人格形成とも深く関わっている。

（3）社会福祉労働の特殊性

　福祉利用者を対象とする社会福祉労働とは何か、どんな特殊性を持っているのかは極めて重要な問題である。と言うのは、従来の福祉利用者の社会福祉現場の実践研究の殆どが教育及び心理等を基礎とした実用主

義的かつ臨床的な社会福祉実践論であり、社会科学的な社会福祉労働論の実践研究が看過されていたように思われる。それ故、まずその前提として、社会科学的な福祉利用者の社会福祉労働の特殊性について考察する。

①社会福祉労働の特殊性

ところで、福祉利用者を対象とする社会福祉労働は労働から分化した特殊な労働である。そして、福祉利用者を対象とする社会福祉労働は、福祉利用者にとって社会的に有用な使用価値であり、福祉利用者が健康で文化的な生活いとなむサービス労働の一形態である。

この点で、福祉利用者に対する社会福祉労働を「潜在能力」の維持・再生産・発達・発揮の保障の視点から規定する事は、積極的意義を持つ。

社会福祉労働も福祉利用者の「潜在能力」を獲得し、自立 [自律] できる条件を保障する事を目標とすべきであり、またその為の可能性を追求する事こそ、社会福祉労働の特殊性にほかならない。そして、社会福祉労働は、福祉利用者の「潜在能力」の維持・再生産・発達・発揮を保障するサービスとして、社会的生産の発展にとっても有益かつ不可欠な労働であり、またそれゆえにこそ物質的生産労働がつくりだした国民所得からの社会福祉費の控除を正当な理由をもって要求する事ができるのである。

②社会福祉労働の労働過程

物質的生産の労働過程には、技術的過程と組織的過程と言う二つの側面があるが、同様に社会福祉労働の労働過程においても、技能・技術的過程と組織的過程と言う二つの側面が区別される。

ア、社会福祉労働の技能・技術的過程

社会福祉労働の技能・技術的過程は、社会福祉労働そのもの、社会福祉労働の労働対象、社会福祉労働の労働手段と言う三つの契機から成り立っている。社会福祉労働者は、その社会福祉労働によって福祉利用者との間のコミュニケーションを媒介として共同化・対象化を行うのであ

るが、この場合、社会福祉労働そのものとは、福祉利用者の生活問題を社会科学的に分析し総合し、福祉利用者の社会福祉労働の享受能力を引き出しながら、社会福祉労働を共同化・対象化していく事である。そして、社会福祉労働そのものには、相談、調査、介護、介助、看護、治療、保健指導、訓練、組織化等があるが、高度の社会科学的な分析と総合の能力が要求される複雑で多様な人間的自然を対象とする精神代謝労働及び物質代謝労働である。

　しかし、社会福祉労働そのものは労働過程の原動力ではあるが、唯一の契機ではない。つまり、如何なる労働も労働対象なしにはありえないように福祉利用者なき社会福祉労働は存在しない事は言うまでもない。

　そして、個人としての福祉利用者は、心理学的・調査論的・介護論的・看護論的・医学的・教育学的・社会科学的に見て、多様な地域環境及び無数の個性、複雑な多様性を持った生きた人間かつ社会問題としての生活問題を担った人間である。

　このような福祉利用者は、本質的に「潜在能力」を内在させており、社会福祉労働の目的は、この「潜在能力」を引き出して社会福祉労働の享受能力を顕在化させ、また促進させ人間らしい健康で文化的な生活を成就させるところにある。

　ところで、物質的生産における労働手段においては、道具→機械→機械体系→自動機械体系→人工ロボット体系と言う発展段階が考えられるが、社会福祉における労働手段においてもこのような発展段階を考えるのも可能であるが、しかし社会福祉労働の場合、社会福祉労働者と福祉利用者との直接的接触による情緒的共感の重要性及び福祉利用者との共同労働の重要性の点から考えれば、どこまでの発展段階が望ましいのかは人類的な研究が必要であると思われるが実態としては機械体系の段階であると思われる。

イ、社会福祉労働の組織的過程

　社会福祉の労働過程は一面からみれば技能・技術的過程であるが、他

の側面からみれば組織的過程である。社会福祉の労働過程は、社会福祉労働手段と社会福祉の規則及び社会福祉法等の全体系の内に先行する世代の社会福祉労働と研究の経験が蓄積されていると言う意味で組織的過程であるだけでなく、社会福祉労働手段の使用が社会福祉労働組織によって媒介されなくては行われないと言う意味でも組織的過程である。

そして、社会福祉労働手段の発展によって社会福祉労働組織が規定されると同様に、社会福祉労働手段の発展に規定されて社会福祉労働の組織的過程も発展し、拡大してくる。社会福祉労働手段の分化と専門化に照応して、社会福祉労働の内にも分化と専門化が生成し、生活指導員、児童指導員、寮母、保母、職業指導員、心理判定員、職能判定員、身体障害者福祉司、精神薄弱者福祉司、作業療法士、理学療法士、社会福祉士、介護福祉士等の職種が分化した。

このようにして社会福祉労働手段の発展過程は、同時に社会福祉労働の職種の多様化、分業と協業の発展過程を規定し、後者はさらに前者の発展を促した。これと共に、社会福祉は個々の社会福祉労働者によってではなく、多様な職種からなる社会福祉労働者のチームあるいは組織によって行われるようになった。それ故、官僚的指揮命令による社会福祉労働ではなく、組織的自治と個々の社会福祉労働者の専門的自由裁量による社会福祉労働が重要になってくる。

(4) 社会福祉労働の矛盾

現代資本主義社会は、労働者階級等に属している人々の生活問題を生成せしめると同時に、その反面において、生存のための運動をも生成せしめる。だが現代資本主義社会は、この運動の発展に対して敵対的な性格を持っている。

社会福祉の向上の為には福祉費の増大が必要であるが、資本は剰余価値を高める為に社会福祉労働者の賃金を下げようとする衝動を持っており、資本にとって福祉費は生産の「空費」としてあらわれる。そこで福

祉費を高めるか、引き下げるかと言う対立は、社会福祉を巡る運動は高揚せざるをえない。

　こうした状況下で資本は、福祉費を引き下げるかあるいはその増大を抑制しようと努めるが、社会福祉運動の高揚の結果、福祉費は増大せざるをえない。そこで資本は、福祉費の負担をできるだけ多くの大衆に転嫁しようとする。その最も良い例が、消費税の増税である。

　「中間まとめ」は、福祉利用者の暮らしに重大な負担と犠牲を法・制度で縛りつけようとしているし、また、現に実質上の国民大衆の負担分の比率は高い。つまり、福祉費の内の非常に多くの部分は、大衆からの収奪によって賄われている。しかも資本は、このようにして増大した福祉費の分配過程にも介入し、これを資本の利潤追及の源泉にしようと努めているのである。

　社会福祉労働の価値増殖過程において社会福祉労働者の剰余価値の搾取を高めていく為に劣悪な労働条件の矛盾が存在している。福祉サービスが限定あるいは水準の抑制が行われている状況下で、事業者が剰余価値（利潤）を高めていく為には社会福祉労働者に低賃金かつ劣悪な労働条件を強いると言う矛盾が存在する。ゼンセン同盟・日本介護クラフトユニオンの 2000 年 6 月から 7 月にかけての「介護事業従事者の就業実態調査」によれば、給与の支給形態は、時間給 45.8%、月の固定給が 45.1% である。時間給制では、1,000 円台が 41% ともっとも多く、1,500 未満と合わせると 70% に及ぶ。一方、月の固定給は、金額でもっとも多い層が 150,000 円から 200,000 円が 53%、次いで 200,000 円から 250,000 円が 23.3%、そして 150,000 未満が 14.9% であった。また、通勤費については、一部負担が 13.4%、無しが 20.6% に及ぶ。業務に就くための移動時間については、有給が 50% 強に留まっている。待機時間については、有給が 64.2% に留まっている。なお、待機時間については、登録ヘルパーの 91.5%、パートヘルパーは 57.3% が無給となっている。報告書作成時間については 33.5% が無給となってい

る。打ち合わせ時間については、20.3％ が無給となっている。

　こうした賃金や労働条件の実態から言えることは、移動時間や待機時間などサービスに当然伴う時間について対価が支払われていないことが多く、拘束時間との関係からすると、実質的な給与は著しく劣悪と言わざるを得ない。そして、こうした劣悪な労働条件下では、質の低下した福祉サービスしか提供できないのではなかろうか。

（5）社会福祉労働の課題

　前述の社会福祉労働の矛盾に対して、どのような課題が考えられるだろうか。

　まず第 1 点は、社会福祉労働諸条件の社会化が必要である（社会福祉労働諸条件の社会化については、本書「終章」を参照）。

　第 2 点は、福祉利用者の要求に応えて、使用価値を高めていく為に社会福祉労働内容そのものを改善していく運動をより発展させていく事である。これまでも全国福祉保育労働組合等が中心となり、労働条件も含めた労働内容そのものを改善していく運動を展開してきた。こうした運動は、福祉利用者の基本的人権の確立にも関わる問題でもあり、職場や地域、地方での学習を強めると共に、矛盾を広く関係者、国民に伝え、社会福祉労働の発展を促進する国民的共同運動を発展させていかなければならない。

　第 3 点は、社会福祉労働が社会の共同の事業として行われる公務労働である事を実践的に証明していく事によって、契約福祉や市場福祉を批判していく事である。社会福祉労働には使用価値としての社会福祉労働と価値・剰余価値としての社会福祉労働の側面が区別される。

　使用価値としての社会福祉労働の側面から見れば、社会福祉労働者が福祉利用者に対して、まず応急措置を提供し、ついで生活条件を保障し、生活能力の形成と発達を援助する等のサービスを提供する過程である。また一方、価値・剰余価値としての社会福祉労働の側面からみれば、国

家（自治体を含む）に雇用されていることから、国家権力の意思を代行し、社会福祉を必要とする国民にたいして社会福止をおしつける役割を果たさせられている。

第4点は、福祉利用者の「労働の権利」「労働の自由」の保障の発展を図っていかなければならないことである（労働の権利及び労働の自由については、本書「終章」参照）。

第5点は、労働手段の発展と導入の促進である。労働手段には福祉機器等があるが、今までのところ、これらの労働手段の発展は科学＝技術の発展と比較して、極めてたち遅れており、この分野での科学＝技術革命の導入は緊急の課題であると同時に、人間の感情の識別可能な介護ロボットや高性能な福祉機器等を社会福祉の現場に公的資金で導入し必要な福祉利用者に無料で貸与していく事も課題である。

第6点は、コミュニケーション労働としての福祉労働にふさわしい専門的裁量権と自治権を福祉現場に保障することなど、その特殊性を保障することである。

第7点は、社会福祉財政の削減・圧縮・抑制と社会福祉法制度の改悪に反対する運動の強化である[27]。

こうした課題が成し遂げられる事によって、福祉利用者は人間らしく生きていける為の社会福祉労働を享受できるようになる。

【第Ⅲ章 参考文献】

- ・真田是「社会保障『構造改革』とは何か」（総合社会福祉研究所編『総合社会福祉研究』第12号、1997年12月、8頁）。
- ・西岡幸泰「社会保障『構造改革』」（総合社会福祉研究所編『総合社会福祉研究』第12号、1997年12月、22頁）。
- ・『資本論』第1巻第1分冊（大月書店、1968年2月、234頁）。
- ・大月書店編集部編『猿が人間になるについての労働の役割』（大月書店、1965年4月、7頁）。
- ・高島進「社会福祉とは」（坂寄俊雄編『日本の社会保障』法律分化社、1996年

49

2 月、145 〜 148 頁）

・マルクス（岡崎次郎訳）『直接的生産過程の諸結果』（大月書店、1970 年 8 月、

・加藤薗子「社会福祉援助技術研究における『社会福祉労働』視点の意義―技術
　主義の克服の為に―」（総合社会福祉研究所編『総合社会福祉研究』第 3 号、
　1991 年 7 月、19 頁）。

・マルクス『剰余価値学説史』第 1 分冊（青木書店、1957 年 12 月）。

・芝田進午編『医療労働の理論』青木書店、1976 年 10 月

・拙稿「福祉国家の国家財政論」（社会福祉研究センター編『草の根福祉』第 21 号、
　1993 年 12 月）

・第 4 回社会福祉研究交流集会実行委員会事務局編『社会保障・社会福祉「改革」
　資料集 4』（総合社会福祉研究所、1998 年 7 月、186 頁）。

・伊藤周平著『保険化する社会福祉と対抗構想』（山吹書店、2011 年、38 頁）。

・芝田進午「社会福祉労働」（芝田進午編『公務労働の理論』青木書店、1977 年
　11 月、312 頁）。

・二宮厚美著『日本経済の危機と新福祉国家への道』（新日本出版社、2002 年、
　214―215 頁）。

・富沢賢治編『労働と生活』（世界書院、1987 年、86 頁）。

第Ⅳ章

5、福祉利用者の福祉の成就を支援していく福祉専門職論

(1) 社会福祉における専門職とは何か

　社会福祉職の労働条件（特に賃金）の向上を目標として、社会福祉士・介護福祉士・精神保健福祉士の国家資格制度が創設された。当然、資格取得者は労働条件も向上し、福祉利用者にとっての社会福祉労働の使用価値を高めていく為に専門性を発揮し、優れた社会福祉労働の実践が可能であり、専門職の確立も時間の問題であると言うように理解をされている福祉現場の人達が多い。

　しかし、資格制度の創設以後も賃金等の労働条件の改善がなされていない。そして、そもそも今回の社会福祉士・介護福祉士・精神保健福祉士の国家資格制度の創設過程において、末端の福祉現場には情報が全く提供されなかった上に、論議もなく、唐突さと異例のスピードで法制化された点に矛盾を持っている。またその後、社会福祉基礎構造改革により、社会福祉現場での劣悪な労働条件の実態、職員の必置規制の緩和や、資格基準の緩和、直接処遇職員においても非常勤化が図られる等、前述の国家資格制度の創設との連関で考えると矛盾なく受け止められず、大きな戸惑いを持っている。

　さらに述べるならば、福祉現場の多くの人達の専門職論は、専門技能や専門資格を中核として、アメリカ流の専門技能・技術を基礎としたものである。福祉現場においては、専門技能・技術や専門資格を中核として専門職を理解している為、福祉現場の研修内容の多くが社会福祉サービスの具体的な提供方法・支援技能・技術の熟練や資格取得の学習に中

心がおかれる。その結果、専門技能・技術の熟練や専門資格の取得が恰も専門職の十分条件であるかのように理解され、その一方において、多くの社会福祉労働者が、福祉利用者が担っている生活問題の社会問題性に対する認識の看過と社会福祉労働の目的の意識の弱化、福祉利用者の生存権的平等を発展させていく労働組合運動・社会福祉運動等の弱化が生じていると思われる。

　以上のような現状において、福祉利用者及び社会福祉労働者の人間らしい健康で文化的な生活を発展させていく為に、改めて社会福祉における専門職とは何かを考察していく事は重要である。何故ならば、福祉利用者は「潜在能力」の維持・再生産・発達・発揮の成就を阻害されている人達であり、また、多くの社会福祉労働者は一般労働者と比較すると劣悪な労働条件の下で働いているので、アメリカ流の専門技能・技能の熟練や専門資格の取得のみでは十分でなく、常に社会福祉労働過程において、誰の為に、なんの目的の為に社会福祉労働を行うのかと言う社会福祉労働の在り方を社会福祉労働者一人ひとりが常に自覚的に探求しなければならないからである。

　従って、本章では以上のような問題意識を持ち、まず従来の社会福祉における専門職論の到達点と問題点を考察し、次に福祉利用者にとって社会福祉労働の使用価値を高めていく為の専門職論、つまり筆者の新しい観点からの専門職論を考察していく。最後に今後の専門職の課題を考察する。

（2）従来の社会福祉における専門職論の到達点と問題点

　従来の社会福祉における専門職論は、大別すると三つに分類できる。まず一つには、体系的理論、専門的権威、コミュニティの承認、規制的な倫理綱領、専門的文化を持って労働者一般と区別され、特別階層として捉えた専門職論である。二つには、社会福祉労働の対象である福祉利用者が「潜在能力」の全面発達・成長・発揮を阻害された人間である為、

倫理性が強いと言う側面を強調して捉えた聖職論としての専門職論である。さらに三つには、社会福祉労働者の機能的側面を捉えて、彼／彼女が使用する知識・技能・技術の体系としての専門職論である。以下では、これら三つの型の専門職論を批判的に検討し、到達点と問題点を明らかにしていく。

①特別階層としての専門職論

この類型に属すると思われる専門職論の例として、アーネスト・グリーンウッド（Ernest Greenwood）の「専門職業の特質」と言う論文が挙げられる。この論文においては、専門職に関する一般的な共通属性を分析し、次のような五つの属性を抽出している。つまり彼は、①組織的あるいは体系的な専門的理論を持っている事、②専門職としての権威がある事、③地域社会によって、この権威が承認されている事、④専門職員とクライエント及び同僚との関係を規制する倫理綱領がある事、⑤専門的文化を持っている事の共通属性を示し、五つの属性は社会福祉における専門職にも適用できると指摘している。

近年、インフォームドチョイス[*]や自己決定権（生活に関わる自己決定権は、福祉サービスの選択権と言う側面だけでなく、日常生活のあらゆる側面において確保及び実現されなければならない）が強調され、福祉サービスの享受過程における対等関係が模索されている時、専門家にこのような特権を賦与しても良いのだろうかと言う素朴な疑問が生じる。ともあれ、ここでは専門的権威と言う属性を賦与する事によって、特別階層としての専門職を意図としているのである。

> [*] インフォームドチョイスとは、複数の福祉サービスについて福祉利用者が十分に説明を受け、その中から任意の福祉サービスを福祉利用者自身によって選択すること

以上、専門的権威、専門的文化、地域社会の承認の三つの属性と関連して、アーネスト・グリーンウッドが意図としている専門職論を批判的に検討してきたが、結論として言える事は次のような点である。つまり、

社会福祉における専門職性を高める事は、社会福祉労働者が最大の威光と権威を取得できるようにする為であり、福祉利用者が社会福祉労働（福祉労働手段も含む）の享受能力を高め、その社会福祉労働の具体的有用性（使用価値）を高めていくものではない特別階層としての専門職を主要目的としているところに彼の専門職論の特徴があると言える。

②聖職としての専門職論

　この類型に属する専門職論として、政策主体や多くの福祉施設の理事長・園長及び福祉事業の経営者等の主張が挙げられる。政策主体や多くの福祉施設の理事長・園長及び福祉事業の経営者の専門職論は、社会福祉従事者の労働者性を否定するか、あるいは消極的に認めた上で、福祉利用者に対しての愛と公僕を一面的に強調する、いわば聖職としての専門職論である。

　社会福祉従事者は聖職者で労働者ではないとする考え方は、従来ややもすると社会福祉従事者の労働基本権や組合運動、政治活動の制限を肯定する場合が多いが、それでも社会福祉従事者は聖職者だと考えるならば、聖職者に相応しい労働条件を保障しなければならない。つまり、聖職者に相応しい労働条件を保障する為には、現在の劣悪な労働条件と比較にならないほどの高い賃金等の労働条件を保障しなければならないし、さらに専門的自由裁量及び自治的労働等を認めなければならないと考える。

　ところが政・財界や多くの福祉施設の理事長・園長及び福祉事業の経営者はこのような事は認めず、むしろ逆に官僚的規制による職階制を厳しくし、縦割り的な命令系統により、専門職の内容を政策主体や福祉施設の理事長・園長及び福祉事業の経営者の意図に副ったものに統制しているのが現状である。

　このように、為政者は、社会福祉労働者の専門性の発揮や福祉利用者の生存権を制限するものであって、社会福祉労働者が生き生きと社会福祉労働に専念できるように専門職の現場の条件を整備していこうとする

ものではない。しかし、だからと言って福祉利用者に対する愛（倫理性）や公僕性を否定するものではない。むしろ社会福祉労働の専門職性を確立し福祉利用者にとっての社会福祉の使用価値を高めていく為には、福祉利用者に対する愛（倫理性）や公僕性を高めていかなければならない。何故ならば、社会福祉労働は人間らしい健康で文化的な抽象的人間生活力・抽象的人間労働力の維持・再生産・発達・発揮を阻害されている福祉利用者を対象としている為、極めて精神的・文化的な労働であり、人間の人格形成の発展にも重要な影響を持っていると言う意味において、社会福祉労働は聖職と言っても過言ではない。

　ところで、一方において社会福祉従事者の労働者性を一面的に主張し、前述の聖職としての専門職性を否定する社会福祉労働論もある。このような主張の主要な内容は、人間の生存権と発達権を保障していく労働といえども、社会福祉従事者の労働者性によって初めて可能となると言うものである。即ち、社会福祉従事者が労働者として団結し、闘い学ぶ事を通じてのみ保障されるものであると主張する。しかし、福祉の現場における社会福祉労働者の専門職の確立の追求と、労働条件の向上の追求は必ずしも同一ではなく、それぞれ独自の課題がある。その点で、労働者性を一面的に主張する社会福祉労働論は、専門職性を労働者性に一方的に還元していると思われる。つまり、社会福祉労働者が専門職性を高めていく事と、社会福祉労働者が労働者階級としての立場を統一して追及しなければならいのではなかろうか。

③専門技能・技術としての専門職論

　この類型に属すると思われる専門職論の例として、1971 年 11 月に中央社会福祉審議会職員問題専門分科会起草委員会より発表された「社会福祉士法」（以下、試案と言う）制定試案を挙げることができる。

　この試案は、専門職の発展経過を「一般に福祉の先進国においては、十九世紀以降の社会問題の発生、これに対する個人的主観的対応としての慈善行為、篤志ワーカーの増大と組織化、経験を踏まえた問題の客体

化と、それに接近する共通の方法論の必要性の認識、体系的な知識の整理と教育訓練の開始、有給ワーカーの登場、彼等の実績に対する評価と認知、自らの倫理綱領をもち高い意識と誇りに結ばれた自立的な専門家集団の形成、社会的地位の確立と、ふさわしい待遇の確保と言う経過で、社会福祉の専門化とワーカーの専門職化が進んできた」（中央社会福祉審議会職員問題専門分科会基礎員会編『社会福祉専門職化への道』全国社会福祉協議会、1972年、7㌻）と述べた上で、社会福祉における専門職を次のように述べている。

　「個人が環境とかかわる接点に生ずる生活上の諸問題を、社会的機能の強化という視点から、単独又は他の臨床専門家（医師または臨床心理学者）と協働して解決に当たる専門職者として考えられるに至った」。(同前、7―8㌻)

　つまり、試案では、社会福祉における専門職を、人間関係調整技能と言う技能・技術論体系を主軸として規定している。従って、ここでの問題点は、専門職を生活問題に悩む福祉利用者を社会に適応させる調整技能・技術として、その情緒的・内面的な支援過程の強調に特徴があり、専門職の一つの属性である技能・技術とほぼ同類のものとして捉えている。

　さらに進めて試案の意図としている専門職の問題点を述べるならば、まず第一点に、試案は一方で社会福祉労働者の劣悪な労働条件と質的向上の阻害の実態を指摘していながら、その劣悪の本質的原因の究明を避け、本質的原因を専門技能・技術に対する国民の認識不足に転嫁させ、労働条件の改善と質的向上の道を、国民の専門技能・技術に対する認識不足の解消によって実現できると言う論理に問題があるということである。

　なぜならば、劣悪な労働条件と質的向上の阻害は、専門技能・技術に対する国民の側の認識不足にあるのではなく、本質的には今日の官僚的な福祉行政や福祉政策の貧困に原因があるからである。

第二点は、試案は社会福祉労働者に専門職者として相応しい労働条件を保障する為に、まず公務員制度の中に専門職の正しい位置づけを行えば、民間社会福祉の中にも必然的に反映されて、専門職の正しい位置づけが行えると安易に考えているところに問題がある。なぜならば、今日の公務員制度の中で、必ずしも社会福祉士等の資格を持った人達が採用されるとは確定できないし、また、社会福祉士等の資格を持っている社会福祉労働者が専門外の部局に配置されたり、専門外の人達が社会福祉の専門職に配置されたりして、公務員制度の中に社会福祉の専門職の正しい位置づけが全くなされていなのである。

　以上、従来の社会福祉における専門職論を批判的に検討してきたが、従来の専門職論の共通した問題点は、専門技能（福祉労働主体）と専門技術（福祉労働主体と福祉労働手段の連関構造）の混同の上に、専門技能・技術を高める事は社会福祉労働者の専門職を確立する為の十分条件であると認識していると同時に、他の専門職者（非専門職者）との協働の自治的労働及び福祉利用者との共同労働等の社会福祉労働そのものの在り方や専門職に相応しい労働条件の保障を看過したところにある。

6、福祉利用者・社会福祉労働者の生存権・発達権保障の専門職論

　社会福祉労働の専門職の発展の為には社会福祉労働諸条件の社会化が必要である。社会福祉労働諸条件の社会化（アソーシエイト）後の福祉労働の特徴を整理すると、以下のようになる。

　　「①福祉労働する諸個人が主体的、能動的、自覚的、自発的にアソーシエイトして行う福祉労働である。経済的に強制される賃労働は消滅している。②福祉労働する諸個人が福祉利用者に直接的に対象化・共同化する社会的な福祉労働である。③福祉労働する諸個人が全福祉労働を共同して意識的・計画的に制御する行為である。福祉利用者の生活活動（機能）の基盤であ

る「潜在能力」の維持・再生産・発達・発揮の成就を目的意識的に制御すると言う人間的本質が完全に実現される。④協業・自治として行われる多数の福祉労働する諸個人による社会的労働である。社会的労働の持つ福祉労働力はそのまま彼かつ彼女らの福祉労働の社会的労働力として現れる。⑤福祉利用者を普遍的な対象とし、協働・自治によって福祉利用者を全面的に制御する福祉実践的行為、即ち福祉労働過程への科学の意識的適用である。⑥力を合わせて福祉労働過程と福祉従事者とを制御する事、また目的（福祉利用者の人間らしい健康で文化的な潜在能力の維持・再生産・発達の成就）を達成する事によって、福祉実践者に喜びをもたらす人間的実践、類的行動である。だから福祉労働は諸個人にとって、しなければならないものではなくなり、逆になによりもしたいもの、即ち第一の生命欲求となっている。⑦福祉労働する諸個人が各自の個性と能力を自由に発揮し、全面的に発展させる行為である。福祉労働する諸個人が共同的社会的な活動のなかで同時に自己の個性を全面的に発揮し、発展させる事ができる福祉労働である事、これこそがアソーシエイトした福祉労働の決定的な人間的本質である」（基礎経済科学研究所編『未来社会を展望する』大月書店、2010年）。

　以上のような福祉労働諸条件の下で筆者の新しい観点からの専門職論においては、社会福祉労働者の労働条件の向上は言うまでもなく、福祉利用者への支援の専門技能・技術を高めていく必要がある。そして、専門技能・技術の発展を考えていく場合、技術の概念を明確にしておく必要がある。

　筆者は、社会福祉における技術を次のように捉える。

　社会福祉労働手段の客観的体系であると言う点を受容しつつ、これを社会福祉労働主体と社会福祉労働手段の連関構造において理解するのが妥当であると思われることである。なぜならば、福祉労働過程の三契機は福祉労働そのものと福祉労働、福祉労働手段、福祉労働対象であり、三契機を結合させ、社会福祉労働を現実化させる主体はあくまでも社会

福祉労働者であるからである。

　そして社会福祉労働は社会福祉労働者の福祉労働能力を使用する事である以上、社会福祉労働の実践力の発展は総体としての社会福祉労働者の社会福祉労働能力の向上・発達の結果である。そしてこうした社会的福祉労働過程において、社会的に編成された社会福祉労働者集団は、社会福祉労働手段を駆使して福祉利用者に立ち向かうのであるが、その場合の社会福祉労働手段の体系が本来の意味での技術である。そして、社会福祉労働手段と言う概念は、福祉施設と言う建物、福祉施設内の設備、送迎用の車、ギャッジベッド、ストレッチャー、特殊浴槽、車イス等の物的体系を福祉労働過程と言う場におき、主体である社会福祉労働者の福祉労働＝福祉実践の為の手段として把握したものである。つまり、社会福祉労働手段と言う概念にはすでに社会福祉労働者による駆使・運用と言う福祉労働＝福祉実践が前提とされているのであり、それが含まれているのである。

　筆者は、こうした技術の捉えかたを前提として、次のように専門職論を職業の在り方ないし社会福祉労働者自らの社会福祉労働の統制の在り方を示す概念として展開していきたい。では、どうして社会福祉における専門職において、職業の在り方ないし社会福祉労働者自らの福祉労働の統制の在り方が重要なのであろうか。この点を福祉労働の対象と連関させて述べる必要がある。

　ところで前述したように、福祉労働過程は福祉労働そのものと福祉労働、福祉労働手段、福祉労働対象の三契機から成っており、福祉労働対象は人間らしい健康で文化的な生活活動の基盤である潜在能力の維持・再生産・発達・発揮に困難を担い、生存権・発達権を侵された諸個人であり、政策・制度・法律によって福祉利用者として対象化された諸個人である。

　それ故、生存権・発達権を阻害する種々の困難を取り除いて、「潜在能力」の維持・再生産・発達・発揮を成就するものでなければならない。

そして、福祉労働過程において、社会福祉労働者が社会福祉労働手段・コミュニケーションを媒介として福祉利用者に対象化・共同化を行っているのであるが、社会福祉労働における共同化を考える場合、次のような指摘に留意する事が重要である。つまり、二宮厚美が指摘するように、「保育労働は子供の人権・発達保障をテーマにした精神代謝労働の一つであり、コミュニケーション労働の一種です。保育を一つの労働過程としてとらえた場合、保育士がその労働主体となってあらわれますが、保育士と子供たちとのコミュニケーション過程の面からみると、発達・保育ニーズの発信主体は子供たちであり、保育士は子供たちとの了解・合意を前提にして、一つの共受関係に入ります。共受関係とは、保育士が子供たちの発達を担うと同時に自ら発達するという関係、お互いがお互いの発達を受け合い、共に享受するという関係のことです。これは看護の労働に似ています。看護の看という字はしばしば指摘されてきたように、手と目という文字を結びつけたもので、看護婦は手と目によって患者に働きかける、すなわちコミュニケーションを媒介にして患者に接します。看護婦は、その動作や表情や言葉で働きかけ、患者を励まし、その潜在的な能力を引き出して病気を克服する手助けをします。これと同様に、保育士も子供たちの潜在的な能力に非言語及び言語的コミュニケーションを媒介にして働きかけ、その能力を顕在化させる仕事に従事しているわけ」（二宮厚美著『自治体の公共性と民間委託─保育・給食労働の公共性と公務労働─』自治体研究社、2000 年、122 ㌻）だからである。

　さらにアマルティア・センが指摘するように、「『福祉』（well-being）はひとが実際に成就するもの─彼 / 彼女の『状態』（being）はいかに『よい』（well）のものであるか─に関わっている。」（アマルティ・セン 鈴木興太郎訳『福祉の経済学』岩波書店、1988、15 ㌻）ものであるならば、二宮厚美氏が指摘するように、福祉利用者の能動的・創造的能力への注目は言うまでもなく、受動的・享受的能力にも注目していくことが

重要である。

　このように社会福祉労働が適切に展開されればされるほど福祉利用者の社会問題としての生活問題は緩和され、あるいは取り除かれ、福祉利用者は人間らしい健康で文化的な生活を享受することになる。もし官僚的な職階制の下で福祉利用者との共同的労働あるいは他の社会福祉労働者等との専門的自由裁量及び自治的労働が損なわれ、社会福祉労働が当をえていないならば、福祉利用者の社会問題としての生活問題は緩和あるいは取り除く事はできず、人間らしい健康で文化的な生活の享受は不可能となる。つまり、社会福祉労働をいかに実践していくかについての職業の在り方ないし社会福祉労働者自らの社会福祉労働の統制の在り方を常に考えていかなければならないのではなかろうか。

　以上、考察してきたように、社会福祉労働の労働対象及び目的は、「人間を対象とし、人間らしい生活と人間の全面的な発達・成長を阻むさまざまな障害を取り除いて人間本来の全面発達を可能にしようとするところにある」（真田是「福祉労働の意味と現状」山本阿母里編『ジュリスト』有斐閣、1974 年、52 ㌻）。まさにこの使用価値の点こそ社会福祉労働そのものの専門職が厳密に確認されなくてはならないのであって、資格の有無が専門職の十分条件ではないと思われる。

　だからこそ専門職としての社会福祉職には、資格の有無の側面のみが追求されるのではなく、社会福祉労働そのものの在り方ないし社会福祉労働者自らの労働の統制の在り方についての日々の実践や探求がより切実に要求されると伴に、社会福祉労働者が専門職の専門的知識、専門的技能、専門的技術、専門的自由裁量、他の社会福祉労働者及び他の職種の労働者等との自治的労働、価値観・倫理性、専門職として相応しい労働条件、資格等の属性の総体を日々の社会福祉労働を通して自己点検し改善していく事が切実に要求される事にもなるのである。

7、今後の課題

　本稿では、従来の社会福祉における専門職論を批判的に検討し、どうしてあらためて社会福祉における専門職が論究されなければならないのかを、少々、言葉足らずであったが考察してきた。しかしそれにもかかわらず、社会福祉における専門職に関しての課題は山積していると思われるし、また、その課題を解決していくのは容易ではないと思われる。

　例えば、社会福祉士・介護福祉士・精神保健福祉士等の資格制度の内容を福祉利用者・社会福祉労働者の生存権・発達権保障の為に、どのように充実させていくかが当面の課題の一つである。従来、政策主体によって進められてきた資格制度の確立の意図には次のような問題点があった。第一点は、資格制度によって特権意識を持たせ、福祉利用者及び同じ職場の非資格者との分断及び対立を意図とするものであった。第二点は、歪曲された聖職思想に基づいた資格制度によって、劣悪な労働条件を押しつけ、さらには職場内外の仲間との労働組合等における団結及び連帯を困難にさせようとする意図を持ったものであった。第三点は、資格所得者には当然のごとく適切な賃金等の労働条件が保障されるかのような幻想を抱かせる意図を持ったものであった。

　以上のような問題点を克服して、真に福祉利用者・社会福祉労働者の生存権・発達権保障の為の資格制度の内容に改善していくかは、重要な課題である。つまり、この改善の基本点は、誰の為に、そしてどのような目的の為に資格制度の内容を改善していくのかと言う事である。

　これは、資格制度の内容の改善が福祉利用者・社会福祉労働者の生存権・発達権を保障していく事に連結していくと言う認識を必要とするものである。そして、資格制度と連関して今後の専門職の課題を述べるならば、福祉利用者と協同で福祉利用者・社会福祉労働者の生存権・発達権保障の為の専門職の属性の総体を具体的に発展させていく労働組合運動・社会福祉運動等の発展・拡大が今後の課題でもある。

【第Ⅳ章 参考文献】

Bill,Worrel（河東田博・他訳『ピープル・ファースト：支援者のための手引き』現代書館、1996 年、92 ㌻

アーネスト・グリーンウッド（高沢武司訳）「専門職業の特質」（財団法人鉄道弘済会編『社会福祉の専門職とは何か』181 ― 195 ㌻）

終章　引用文献集

　本文作成にあたって、参照した文献と該当部分を抜粋して章ごとに掲出した。読者の便を考え、本文中の中見出しをそのまま活用した。

第Ⅰ章

1、社会福祉を「国民の権利」として

　「条文でいえば、社会福祉という言葉は、『地域における社会福祉』というように用いられ、しかもこれは『地域福祉』という用語と同一であると定義する。『地域における社会福祉』＝『地域福祉』である。そして『地域福祉』の推進主体としては、①地域住民、②社会福祉を目的とする事業を経営する者、③社会福祉に関する活動を行う者の三者を明記し、これに限定している。つまり、①〜③の地域住民等が『地域における社会福祉』の主体として認識される。」（永山誠著『社会福祉理念の研究』ドメス出版、2006年、244頁）

　「新たな社会福祉は、貧困・低所得に限定することなく、『国民全体』を対象とする」（永山、前掲書、245頁）

　「社会福祉法は地域福祉の推進を目的として立法されたが、その際、地域福祉の推進を『国民の努力義務』としたことである。地域福祉は、本来、民間の自主的な活動を」（永山、前掲書、246頁）

　「法的（社会福祉法—挿入、筆者）諸関係……、それ自身で理解されるものでもなければ、またいわゆる人間精神（ボランティアの精神、自己責任の精神、愛の福祉精神、自立の精神等—挿入、筆者）の一般的発展から理解されるものでもなく、むしろ物質的な生活諸関係、そういう諸関係に根ざしている」（カール・マルクス［武田隆夫・その他訳］『経済学批判』岩波書店、1956年、12 — 13頁）

　「従来の福祉（社会福祉—挿入、筆者）国家論は常に資本主義的生産関係を前提にしていた。あるいは福祉（社会福祉—挿入、筆者）国家は、生産関係とは無関係な人間（福祉利用者—挿入、筆者）の権利に関する問題であるとされてきた」（聴濤弘著『マルクス主義と福祉国家』大月書店、2012年、148頁）。

「人間（福祉利用者）の権利（しかし、「権利というのは、社会の経済的な形態およびそれによって条件づけられる社会の文化の発展よりも高度ではありえないのである」[マルクス / エンゲルス・後藤洋訳『ゴータ綱領批判』新日本出版、2000 年、30 頁] と言う言葉に注意する必要がある）に関する問題であること」

　「財貨（生活手段―挿入、筆者）の支配は福祉という目的のための『手段』であって、それ自体として目的にはなり難い。」（アマルティ・セン [鈴村興太郎訳]『福祉の経済学』岩波書店、1997 年、44 頁）財貨（生活手段―挿入、筆者）の側に視点を置いて平等な福祉観を論じてきたのに対して、視点を 180 度転換して、人間（福祉利用者―挿入、筆者）生存に必要なさまざまなモノ（社会福祉労働によるサービスそのモノあるいは社会福祉の法制度そのモノの生活手段―挿入、筆者）は、人間（福祉利用者―挿入、筆者）にあたって不可欠なものであるが、そのモノ（社会福祉労働 [福祉施設の建物モノや福祉施設内で提供される食事等の社会福祉労働手段も含む] によるサービスそのモノあるいは社会福祉の法制度そのモノの生活手段―挿入、筆者）の価値はそれを活用する人間（福祉利用者―挿入、筆者）の潜在能力によって可変的である。したがって、人間（福祉利用者―挿入、筆者）生活の福祉を考える場合にはモノ（社会福祉労働によるサービスそのモノあるいは社会福祉の法制度そのモノの生活手段―挿入、筆者）それ自体ではなく、それを使用して生きる人間（福祉利用者―挿入、筆者）の潜在能力に視点を移して、その発展を考えなければならない、」（二宮厚美箸『発達保障と教育・福祉労働』全国障害者問題研究会出版部、2005 年、87 頁）

　「ひと（福祉利用者―挿入、筆者）が生きていることを実感できるのは、（生活手段の使用価値を活用して―挿入、筆者）日常の生活や社会活動を十分に行っている時の方が多い。そうすると、福祉を見るときには所得（生活手段―挿入、筆者）や余暇（生活手段―挿入、引用者）だけではなく、実際の人（福祉利用者―挿入、筆者）の生活活動（機能）の状況を詳しく見た方がよい。しかし、日本語の『福祉』や『幸

福』といった言葉はひと（福祉利用者―挿入、筆者）の具体的な活動から離れた抽象的なものになりがちである。」（傍点、筆者 [野上裕生「アマルティア・センへの招待」絵所秀樹紀・山崎孝治編『アマルティア・センの世界』晃洋書房、2004 年、2 頁]）

　「ひと（福祉利用者―挿入、筆者）は財や所得（資源）を使って生活上の必要を充たし、健康を維持し、その結果、歓びや失望を経験する。だから（福祉労働及び福祉専門職においては―挿入、筆者）ひと（福祉利用者―挿入、筆者）の生活の良さを評価するには（福祉利用者が社会福祉問題から克服していく状況を評価するには―挿入、筆者）、このような人（福祉利用者―挿入、筆者）の生活過程全般をきめ細かく見なければならない。」（野上、前掲書、2 頁）

　「社会科学的立場から、社会的・構造的存在である社会福祉が課題解決のために用意する社会的手段の総体として、方法を規定する立場である。それは具体的には、法令的・非法令的、対人的・対環境的、収容的、居宅的、物質的・精神的、個別的（福祉利用者の潜在能力の多様性を踏まえて―挿入、筆者）・集団的および協働・調整的、保険的・扶助的およびサービス的、などの諸方法を内容とする。」（社会福祉辞典編集委員会編『社会福祉辞典』大月書店、2002 年、242 頁）

2、社会科学的視点の社会問題としての生活問題
（1）社会福祉労働者の責務
　「栄養摂取の達成という場合には、この転換は、①代謝率、②体のサイズ、③年齢、④性（女性の場合には、妊娠しているか否か）、⑤活動水準、⑥（寄生虫の存在・非存在を含む）医学的諸条件、⑦医療サービスのアクセスとそれを利用する能力、⑧栄養学的な知識と教育、⑨気候上の諸条件などの諸要因に依存する。社会的な行動を含む機能の実現や、友人や親戚を持て成すという機能の実現の場合には、この転換は、①ひとが生活する社会で開かれる社交的会合の性格、②家族や社会におけるひとの立場、③結婚、季節的祝宴などの祝宴や葬式などその他の行事の存在・非

存在、④友人や親戚の家庭からの物理的距離などの要因に依存する……。」
（Sen,Amartya., 鈴木興太郎訳『福祉の経済学』（岩波書店、1988 年、41―42 頁））

（2）生活問題の社会的生成と生活問題の統一的把握

　「唯物論的な見解によれば、歴史を究極において規定する要因は、直接の生命の生産と再生産とである。しかし、これは、さらに 2 種類のものから成っている。一方では、生活資料の生産、すなわち衣食住の諸対象とそれに必要な道具との生産。他方では、人間そのものの生産、すなわち種の繁殖がそれである。ある特定の歴史的時代に、ある特定の国の人間がそのもとで生活を営む社会的諸制度は、2 種類の生産によって、すなわち一方では労働の、他方では家族の発達段階によって制約される。」（フリードリヒ・エンゲルス ., 土屋保男・その他訳『家族・私有財産・国家の起源』新日本出版社、2001 年、27 頁）

　「生産の中核が資本制生産（資本・賃労働関係）に基づき、利潤を目的とする大規模商品生産に組み込まれた社会である。人間と社会の再生産に必要とされるあらゆる物質が、商品として生産される市場で売買されるのみならず、人間の労働力自体が商品化する（賃労働）ところに、この生産様式の特徴は存在する。生産手段を奪われた労働者階級は、生活手段を自ら生産することができなくなった。そのため、自己の労働力商品を売り、賃金を得て生活手段を購入せざるをえない。」（宮本みち子「生活とは何か」―松村祥子・その他著『現代生活論』有斐閣、1988 年、22―23 頁）

　「資本の有機的構成や資本の技術的形態の変化はますます速くなり、また、ある時は同時に、ある時は交互に、この変化に襲われる生産部面の範囲は広くなる。だから労働者人口は、それ自身が生み出す資本蓄積につれて、ますます大量にそれ自身の相対的過剰化の手段を生み出すのである。」（カール・マルクス ., 岡崎次郎訳、前掲書③、217 頁）「社会的な富、現に機能している資本、その増大の規模とエネルギー、したがってまたプロレタリアートの絶対的な大きさとその労働の生産力、

これらのものが大きくなればなるほど、産業予備軍も大きくなる。自由に利用されうる労働力は、資本の膨張力を発展させるのと同じ原因によって発展させられる。つまり、産業予備軍の相対的な大きさは富の諸力といっしょに増大する。しかしまた、この予備軍が現役労働者に比べて大きくなればなるほど、固定した人口はますます大量になり、その貧困はその労働苦に正比例する。最後に、労働者階級の極貧層と産業予備軍とが大きくなればなるほど公認の受救貧民層もますます大きくなる。これが資本主義的蓄積の絶対的な一般法則である。」（カール・マルクス .,岡崎次郎訳、前掲書③、239―240頁）

「資本が蓄積されるにつれて、労働者の状態は、彼の受ける支払いがどうであろうと、高かろうと安かろうと、悪化せざるをえないということになるのである。……、相対的過剰人口または産業予備軍をいつでも蓄積の規模およびエネルギーと均衡を保たせておくという法則は、ヘファストスのくさびがプロメテワスを岩に釘づけにしたよりももっと固く労働を資本に釘づけにする。だから、一方の極での富の蓄積は、同時に反対の極での、すなわち自分の生産物を資本として生産する階級の側での、貧困、労働苦、奴隷状態、無知、粗暴、道徳的堕落の蓄積なのである。」（カール・マルクス .,岡崎次郎訳、前掲書③、241頁）

「流動的過剰人口は、一時的失業者である」（宮川実著『マルクス経済学辞典』青木書店、1965年、190頁）

「潜在的過剰人口は、没落していく小生産者ことに農民である」（宮川実著『マルクス経済学辞典』青木書店、1965年、190頁）

「停滞的過剰人口は、定職を失いきわめて不規則につけるだけの者である」（宮川実著『マルクス経済学辞典』青木書店、1965年、190頁）

特に障害のある人の雇用率（労働力の使用権を販売できない人々の率）が低い。

因みにその雇用率を見ると、「2011 年 6 月 1 日の障害者雇用状況は、民間企業の法定雇用率達成企業の割合は 45.3% であり、54.7% が達成していない（財団法人厚生統計協会編『国民の福祉と介護の動向・厚生の指標』増刊・第 59 巻第 10 号・通巻 925 号、2010 年、135 頁）。この為に、生活保護を受給しなければ、障害のある人々の人間らしい健康で文的な生命・抽象的人間労働力の維持・再生産・発達は不可能である。因みに生活保護の受給実態を見ると、「生活保護を受けている傷病・障害者世帯は全体の 33.1% にあたる。」（財団法人厚生統計協会編『国民の福祉と介護の動向・厚生の指標』増刊・第 59 巻第 10 号・通巻 925 号、2010 年、188 頁）

「資本の蓄積は、沈滞・好況・繁栄及び恐慌という産業循環を経ながら行われる。そして資本の蓄積は、好況・繁栄の時期には突然大規模に行われる。ところが資本の蓄積及び生産拡大が突然大規模に行われる為には、大量の労働力が生産過程に存在しなければならない。しかし、人口の自然増加によってこの膨大な労働力を突然供給することは不可能である。急速で大規模な生産拡張が可能なのは、全く相対的過剰人口が常に存在するからである」（宮川、前掲辞典、189—190 頁）

橘木俊詔著『日本の教育格差』（岩波書店、2010 年、54 頁）

「フリーターになる人の大半は高卒、高校中退、中卒という低学歴層なのである。したがって、低学歴者であることは、フリーターになるリスクを背負っていることを意味する。」（橘木、前掲書、167 頁）

「一部の主力正社員以外は派遣や請負による非正規でまかない、それによって人件費を軽減して企業業績を好転させようとする経済団体連合会の提言どおりの労働法制の規制緩和や労働者派遣制度によって、2003 年から 2006 年までの間に、劣悪な労働条件（低賃金や社会保険の無加入）のパートや派遣社員などの非正規雇用者が 300 万人増え、今や 1,726 万人、全体の 33,7% にもなっている。」（2007 年 5 月 29 日の総務省発表の「労働力調査」）

（センの『ケイパビリティ』（潜在能力 capability）は、人が自分のしたい事ができる能力を表現したものである。ケイパビリティは人がどのようなファンクショニングを実現できるか、その選択肢の広がりを示す事によって実質的な自由を表現しようとする概念である」（野上裕生「アマルティア・センへの招待」絵所秀紀・その他編著『アマルティア・センの世界』晃洋書房、2004 年、4 頁）

　「『福祉』（well-being）はひとが実際に成就するもの―彼／彼女の『状態』（being）はいかに『よい』（well）のものであるか―に関わっている。」（Sen,Amartya., 鈴木興太郎訳、前掲書、41―42 頁）

　（Sen,Amartya., 石塚雅彦訳『自由と経済開発』（日本経済新聞社、2000 年、99―124 頁）

　「単に『生きているだけ』ではなく『人間らしく生きる』ことが求められているのは言うまでもありません。人間らしく生きるために、憲法では多くの権利を保障しています。人間らしく生きる権利のひとつに『学ぶ』権利があります。どんなに障害が重くとも学ぶ権利があるのです。……学ぶことは、人間らしく生きること、さらにより豊かに生きることを、障害の重い人たちの分野でも証明しているのです。」（橋本佳博・その他著『障害をもつ人たちの憲法学習』かもがわ出版、1997 年、199 頁）

　「財（生活手段―筆者挿入）の特性を機能の実現へと移す転換は、個人的・社会的なさまざまな要因に依存する。栄養摂取の達成という場合にはこの転換は、（1）代謝率、（2）体のサイズ、（3）年齢、（4）性（そして女性の場合には妊娠しているか否か）、（5）活動水準、（6）（寄生虫の存在・非存在を含む）医学的諸条件、（7）医療サービスへのアクセスとそれを利用する能力、（8）栄養学的な知識と教育、（9）気候上の諸条件などの諸要に依存する。」（Sen,Amartya., 鈴木興太郎訳、前掲書、42 頁）

「従来の福祉観がどちらかというと財貨（生活手段―筆者、挿入）の側に視点を置いて平等な福祉観を論じてきたのに対し、視点を180度転換して、人間の側に移したのです。生存に必要なさまざまなモノは、人間の福祉にあたって不可欠なものであるが、そのモノの価値はそれを活用する人間の潜在能力によって可変的である。したがって、人間生活の福祉を考える場合にはモノ（社会福祉サービスそのモノあるいは社会福祉法そのモノ等―筆者、挿入）それ自体ではなく、それを活用していきる人間の潜在能力に視点を移して、その発展を考えなければならない、」（二宮厚美著『発達保障と教育・福祉労働』（全国障害者問題研究会出版部、2005年、87頁））

「①**生命**（正常な長さの人生を最後まで全うできること。人生が生きるに値しなくなる前に早死にしないこと）、②**身体的健康**（健康であること [リプロダクティブ・ヘルスを含む]。適切な栄養を摂取できていること。適切な住居にすめること）、③**身体的保全**（自由に移動できること。主権者として扱われる身体的境界を持つこと。つまり性的暴力、子どもに対する性的虐待、家庭内暴力を含む暴力の恐れがないこと。性的満足の機会および生殖に関する事項の選択の機会を持つこと）、④**感覚・想像力・思考**（これらの感覚を使えること。想像し、考え、そして判断が下せること。読み書きや基礎的な数学的訓練を含む [もちろん、これだけに限定されるわけではないが] 適切な教育によって養われた "真に人間的な" 方法でこれらのことができること。自己の選択や宗教・文学・音楽などの自己表現の作品や活動を行うに際して想像力と思考力を働かせること。政治や芸術の分野での表現の自由と信仰の自由の保障により護られた形で想像力を用いることができること。自分自身のやり方で人生の究極の意味を追求できること。楽しい経験をし、不必要な痛みを避けられること）、⑤**感情**（自分自身の周りの物や人に対して愛情を持てること。私たちを愛し世話してくれる人々を愛せること。そのような人がいなくなることを嘆くことができること。一般に、愛せること、嘆けること、切望や感謝や正当な怒りを経験できること。極度の恐怖や不安によって、あるいは虐待や無視がトラウマとなって人の感情的発達が妨げられることがないこと [このケイパビリティを擁護することは、

その発達にとって決定的に重要である人と人との様々な交わりを擁護することを意味している])、⑥**実践理性**（良き生活の構想を形作り、人生計画について批判的に熟考することができること [これは、良心の自由に対する擁護を伴う])、⑦**連帯**（**A** 他の人々と一緒に、そしてそれらの人々のために生きることができること。他の人々を受け入れ、関心を示すことができること。様々な形の社会的な交わりに参加できること。他の人の立場を想像でき、その立場に同情できること。正義と友情の双方に対するケイパビリティを持てること [このケイパビリティを擁護することは、様々な形の協力関係を形成し育てていく制度を擁護することであり、集会と政治的発言の自由を擁護することを意味する]　**B**　自尊心を持ち屈辱を受けることのない社会的基盤をもつこと。他の人々と等しい価値を持つ尊厳のある存在として扱われること。このことは、人種、性別、性的傾向、宗教、カースト、民族、あるいは出身国に基づく差別から護られることを最低限含意する。労働については、人間らしく働くことができること、実践理性を行使し、他の労働者と相互に認め合う意味のある関係を結ぶことができること）、⑧**自然との共生**（動物、植物、自然界に関心を持ち、それらと拘わって生きること）、⑨**遊び**（笑い、遊び、レクリエーション活動を楽しむこと）。⑩**環境のコントロール**（**A 政治的**　自分の生活を左右する政治的選択に効果的に参加できること。政治的参加の権利を持つこと。言論と結社の自由が護られること。**B 物質的**　形式的のみならず真の機会という意味でも、[土地と動産の双方の] 資産を持つこと。他の人々と対等の財産権を持つこと。他者と同じ基礎に立って、雇用を求める権利を持つこと。不当な捜索や押収から自由であること）」（Martha C. Nussbaum[池本幸生・その他訳]『女性と人間開発─潜在能力アプローチ─』岩波書店、2005 年、92 ─ 95 頁）

第Ⅱ章

3、福祉利用者の社会問題としての生活問題に対応する社会福祉とは何か

（1）今こそ社会福祉とは何かの本質解明を

　「新カリキュラムでは、社会福祉の基本的性格全体像を貫く原理や概念を思想、

価値、あるいは歴史的な考察が、さらに弱められている。……『社会福祉とは何か』を教育するのに、『社会福祉』から『社会』をとり、『福祉政策と福祉制度』から『現代の福祉』をとりあげるシラバスになっている。社会福祉の政策と対象は相互に関連性をもっているが、政策主体の立場から政策・制度に焦点をあて、そこから『社会福祉とは何か』を取りあげると何がおきやすいだろうか。政策主体の財政の事情を中心に、政策・制度の説明、解釈が論じられ、当事者・利用者の生活問題が二次的になり、社会福祉成立の根拠、発展の思想、運動が軽視されやすくなる。」（大友信勝「社会福祉原論研究の意義と課題」（大友信勝・その他編『社会福祉原論の課題と展望』高管出版、2013年、17頁）

「そもそも社会福祉研究は、わが国の『社会福祉理論』の伝統からいうなら『現実の科学』であり、実践の学である。法則定立科学ではなく、実践科学、課題解決型の科学として社会福祉学が存在するというのが社会福祉領域の学界の一般的意見であろう[3]」。（栃本一三郎「国際比較制度研究のあり方―制度からの接近」―阿部志郎・その他編『社会福祉の国際比較』有斐閣、2000年、53頁）

「受救貧民は、現役労働者軍の廃兵院、産業予備軍の死重をなしている。受救貧民の生産は相対的過剰人口の生産のうちに含まれており、その必然性は相対的過剰人口の必然のうちにふくまれているのであって、受救貧民は相対的過剰人口とともに富の資本主義的な生産および発展の一つの存在条件になっている。……この産業予備軍が現役労働者軍に比べて大きくなればなるほど、固定した過剰人口はますます大量になり、その貧困はその労働苦に正比例する。最後に、労働者階級の極貧層と産業予備軍とが大きくなればなるほど、公認の受救貧民（生活保護を受給している貧困者―挿入、引用者）もますます大きくなる。これが資本主義的蓄積の絶対的な一般的な法則である。」（マルクス『資本論』第1巻第7篇）

「社会福祉とは格差・貧困問題を現代社会における生活問題として認識し、社会

的困難に直面している人びとの暮らしと自立を支え、人びとがその人らしくいきていくうえで必要な生活問題の改善・解決をはかる社会的方策と考えている。」（大友、前掲書、17 ― 18 頁）

「『福祉』（well-being）はひとが実際に成就するもの―彼／彼女の『状態』（being）はいかに『よい』（well）ものであるか―に関わっている。」（鈴木興太郎訳『福祉の経済学』岩波書店、1988 年、15 頁）

（2）社会福祉の概念規定
①社会福祉の概念規定
ア、分析の前提

「生活は大きく分類すれば、必需的な生活基盤機能と、そのうえに展開される生活創造機能に分けられる。前者は人間の生理的再生産に関係する必需的部分である。内容は、①職機能、②健康維持機能、③衣装機能、④住機能、⑤移動機能、に分けられる。」＜宮本みつ子「生活財の体系」（松村祥子・その他著『現代生活論』有斐閣、1988 年、61 頁）

「①娯楽機能、②教育機能に分けることができる。」（宮本、前掲書、62 頁）

「経済的社会構成体は、生産力の一定の発展段階に照応する生産関係の総体を経済的土台として捉え、社会的・政治的・精神的諸関係を、そのような土台の上に必然的に成り立った上部構造として捉え、両者を統一的に総括した概念である」（社会科学辞典編集委員会編、前掲書、69 頁）

（富沢賢治氏は、「社会構成体という概念は、社会の基本的な構造とその変動のシステムを明らかにするために、人間の現実的な生活過程の実体的な諸契機を、生産様式・生産関係が社会の土台をなすという観点から、理論的に抽象化・構造化してとらえかえしたものとして理解されうる。」（富沢賢治「社会構造論」『労働と生活』

世界書院、1987年、22頁）とし、「さらにまた、全社会的生活過程を内容として
とらえ」（富沢、前掲書、23頁）、「全社会的生活過程は、①経済的生活過程、②社
会的生活過程、③政治的生活過程、④精神的生活過程、という四つの側面から成る。」
（富沢、前掲書、23頁）とされている。）

　「われわれはあらゆる人間的存在の、したがってまたあらゆる歴史の、第一の前提、
すなわち人間たちは『歴史をつくり』うるために生きることができねばならないとう前提を確認することからはじめねばならない」。マルクス＝エンゲルス（真下信
一訳）『ドイツ・イデオロギー』（大月書店、1992年、54頁）

　「なにはさておき飲食、住、衣、その他、若干のことがなくてはかなわない。し
たがって最初の歴史的行為はこれらの必要の充足のための諸手段の産出、物質的生
活そのものの生産であり、しかもこれは、今日もなお何千何年と同じように人間た
ちをただ生かしておくだけのために日々刻々、果たさなければならぬ一つの歴史的
行為であり、あらゆる歴史の根本的条件である」。（真下信一訳、前掲書、54頁 >

　「経済的生活過程は、物質的富の生産、分配、交換、消費の過程から成る。生産
諸力を用いて人間が相互に関連しあって自然との資料変換をどのように行うかとい
うその様式に、歴史的な社会構造を問題とする視点から形態規定を与えたものが生
産様式であり、資料変換のさいの諸個人間の関連を生産様式という概念装置をとお
して整序してとらえかえしたものが生産関係である。」（富沢、前掲書、23頁）

　この経済的生活過程の土台の上に社会的生活過程─富沢賢治氏は、「社会的生活
過程で問題とされるのは、全体社会あるいは社会総体ではなく、血縁関係と地縁関
係からはじまる種々の人間関係（男女関係、親子関係、家族、地域集団、部族、種族、
民族など）あるいは主として人間の再生産（自己保存と種の生産）と人間の社会化（社
会学でいう socialization）に関連する小社会集団といった、全体社会の内部に存在
する部分社会に関係する生活過程である。経済的生活過程のもっとも基本的な問題

が生活手段の生産だとすれば、社会的生活過程のもっとも基本的な問題は人間の生産だといえる。」（富沢、前掲書、25 頁）

「政治的生活過程で問題とされるのは、諸個人、諸集団の政治的諸関連である。これらの関連を階級関係視点から社会構成体のなかに構造化・形態化してとらえかえしたものが『法的・政治的諸関係』『国家形態』である。」（富沢、前掲書、25 頁）

「精神的生活過程は諸個人、諸集団の精神的な生産─コミュニケーション─享受の過程であり、ここで問題とされるのは諸個人、諸集団の精神的諸関連である。精神的生活過程が生み出す産物は、言語、芸術、科学などが数多いが、これらの産物のなかでもとりわけ階級関係に規定されるところが大きい政治理念、哲学、宗教などが、『社会的意識形態』として社会構成体のなかに形態化・構造化される。」（富沢、前掲書、25 頁）

「国家諸形態は……物質的な諸生産関係に根ざしており」カール・マルクス（杉本俊朗訳『経済学批判』、大月書店、1953 年、15 頁）

イ、社会福祉労働の二つの要因の分析

「①金銭給付及び貸し付け、②福祉施設提供、③生活補助設備、器具の提供、④機能回復・発達のための設備、器具の提供、⑤生活の介助・介護、⑥予防・治療のための医療給付、⑦生活指導を含む機能回復・発達のためのリハビリテーション、⑧職業訓練給付、⑨診断・あっせん処置を含む相談などの人的手段を通じた直接的な現物給付、⑩問題発見や解決のための調査活動、⑪問題解決のための社会資源の伝達や社会的認識向上のための広報活動、⑫問題解決のための地域住民や関係団体、関係施設などの組織活動、⑬社会資源の有効活用のための連絡調整活動などの間接手段の提供 [22)]」（真田是編『社会福祉労働』法律文化社、1975 年、42 頁）

二宮厚美著『公共性と民間委託─保育・給食労働力の公共性と公務労働─』（自

治体研究社、2000 年、122 頁）

（高島進著『社会福祉の歴史』（ミネルヴァ書房、1994 年、10 頁）

　「『人間投資』は、経済発展の基底（経済発展の基底は利潤であり、利潤の原泉は
剰余価値である―挿入、筆者）をなすもの、経済発展がそこから絶えず養分を吸収
しなければならないものであり、経済の発展に背くものではなく、その発展ととも
にあるものである」（1959 年度版『厚生白書』、13 頁）

　「社会福祉……への国家財政支出の削減による追加搾取がなされ」（富沢、前掲書、
75 ― 76 頁）

　「働き口をみつけることができず、資本の蓄積が必要とするのにくらべて『過剰』
となった失業あるいは半失業の労働者のこと。資本主義のもとでは、生産力が増大
するにつれて、資本の有機的構成が高まり、労働者をやとうための資本部分（可変
資本）は絶対的には増大するが、生産手段を買い入れるための資本部分（不変資本）
とくらべて相対的には少なくなる。すなわち、労働力にたいする需要が相対的に少
なくなる。このことから、労働力の一部は資本の蓄積が必要とするのにくらべて相
対的に過剰になり、相対的過剰人口がうまれる。……相対的過剰人口には、流動的・
潜在的・停滞的過剰人口および極貧層がある。」（社会科学辞典編集委員会編、前掲書、
191 頁）流動的過剰人口は、「資本蓄積の過程で生産の縮小や新しい機械の導入な
どのため一時的に失業した労働者層のこと。」（社会科学辞典編集委員会編、前掲書、
326 頁）潜在的過剰人口は、「はっきり失業というかたちをとらず潜在化している。
……かれらは、農業では一年のうちわずかの日数しか働けないし、工業でも働き口
がみつからないので、農村でどうにかくらしている状態にある。」（社会科学辞典編
集委員会編、前掲書、185 頁）停滞的過剰人口は、「ふつうの労働者より就業は不
規則・不安定であり、賃金はひじょうに低く、労働時間は長い。」（社会科学辞典編
集委員会編、前掲書、221 頁）極貧層は、「相対的過剰人口の最下層で、『公的扶助』

を必要とする長期の失業者、孤児、零落者、労働能力喪失者、ルンペン・プロレタリアートなどからなる。」（社会科学辞典編集委員会編、前掲書、92 頁）

　「資本の蓄積は、沈滞・好況・繁栄及び恐慌という産業循環を経ながら行われる。そして資本の蓄積は、好況及び繁栄の時期には、突然大規模に行われる。ところが資本の蓄積及び生産拡大が突然大規模に行われるためには、大量の労働力が生産過程に存在しなければならない。しかし、人口の自然増加によってこの膨大な労働力を突然供給する事は不可能である。急速で大規模な生産拡張が可能なのは、全く相対的過剰人口がつねに存在するからである [32]」。この点と価値増殖過程における搾取に社会福祉等の社会保障に対する資本の責任と高負担を要求していく社会的根拠があると断定できるが、前述したように「現実にはその負担の大部分が国家財政をつうじて労働者階級および小ブルジョア層に転嫁されている。」（宮川実著『マルクス経済学辞典』青木書店、1965 年、190 頁）

　「状態は、現在のあらゆる社会運動の実際の土台であり、出発点である」（フリードリヒ・エンゲルス『イギリスにおける労働者階級の状態』（全集刊行委員会訳、大月書店、1981 年、9 頁）

　「しばしば経済的性格から政治的性格へ移行し、サンディカリズムのいう最高の社会戦争まで発展していく可能性をはらんでいるのであって、このような自体は資本主義制度にとっての構造的危機を意味するものにほかならない」。（孝橋正一著『全訂社会事業の基本問題』ミネルヴァ書房、1993 年、165 頁）

　「どこでも政治的支配の基礎には」< 有田光男著『公共性と公務労働の探求』（白石書店、1993 年、165 頁）

　「社会的な公務活動があったのであり、また政治的支配は、それが自己のこういう社会的な公務活動を果たした場合にだけ長く続いた」（有田、前掲書、165 頁）

（3）本源的規定における社会福祉の使用価値の支援（労働）行為

　「公共的な管理のもとに再建された救治院や救貧院に収容されるか、院外救済が与えられ」＜右田紀久恵・その他編『社会福祉の歴史』（有斐閣、1982年、24頁）

（4）歴史的規定における価値・剰余価値の社会福祉

　「国家という形態において支配階級の人々は彼らの共通の利益を押し立て、そしてこの時代の全市民社会はその形態のなかでまとまるものである以上、あらゆる共通の制度は国家の手を介してとりきめられ、何らかの政治的な形態をもたせられることになる。法（『国家意志』の愚見たる—引用者）というものが、あたかも意志、しかもそれの現実的土台からもぎはなされた、自由な意志にもとづきでもするかのような幻想はそこからくる」（マルクス＝エンゲルス　真下信一訳、前掲書）つまり、現象上は一般的にあたかも超階級的「公共的」的であるかの如き外観をとるが、土台（生産諸関係の総体）に規定された階級国家である。その意味で、国家は総資本が社会福祉の価値・剰余価値を支配し享受していく事を促進する。

　「これまで公立や社会福祉法人運営を原則にしてきた社会福祉分野への民間営利企業の参入。②社会福祉サービス提供・給付制度の措置制度から民法上の契約制度への変更。③社会福祉利用にともなう費用負担体系の『応能負担』主義から『応益負担』主義への変更。④生存権の権利保障体系から契約制度を合理的に機能させるための手続き的『権利擁護制度』に限定された方向への転換」＜社会福祉辞典編集委員会編『社会福祉辞典』（大月書店、2002年、237頁）

　真田是「社会福祉の対象」（一番ケ瀬康子・その他編『社会福祉論』有斐閣、1968年、45頁）

　「我々の歴史は当初から『同じ人間としての人格の対等平等』関係を大切にしてきたし、私たちの原点は、『障害者・家族の願いに応え』『障害者を主人公として』『仲

間』として表現されているように、共に創る関係、共に困難を切り拓く関係であり、立場の違いや内部矛盾を内包しつつも、協力と共同関係、共感と信頼関係を基本として創られてきた歴史が」（共同作業所全国連絡会編『実践・経営・運動の新たな創造を目指して』1984年、8 ― 9頁）

「社会福祉基礎構造改革では…、措置制度に代わり利用制度に転換することとされた。利用制度では、利用者が自ら自分の好む福祉サービスの種類と事業者を選択することができる。利用者と事業者とが対等の関係になるのである。」炭谷茂編『社会福祉基礎構造改革の視座』（ぎょうせい、2002年、10頁）

「需給どちらの側に立とうと、市場参加者は基本的には自立し、それぞれが任意に参加し、対等の立場に立つ。その反面で、対等性の上に展開される利害の競争を前提にするので、市場で出会う需給両者は、利害がつねに一致するのではなく、むしろしばしば対立する。商品を供給するものは、できるだけ高価に、利益が多く出るように販売しようとするのに対し、需要するものは、できるだけ安価に購入し、コストを低くするように努める。いわば債権・債務関係であり、両者が利害を一つにするというよりも、むしろ利害を異にするのが常である。その結果は、出発点の任意性や対等性の原則を否定するかのように勝ち負け、不平等、差別の発生であった。」小松隆二著『公益学のすすめ』（慶応義塾大学出版、2000年、76頁）

「福祉サービスの提供が、他の消費者問題と決定的に異なるのは、利用者にとって福祉サービスを受ける事が、生存や日常生活の維持に必要不可欠であり、譬えどんなサービスであっても取り敢えずの生存を確保する為に利用をせざるを得ないものである事、しかも施設であれば24時間、在宅や通所のサービスでも一定の時間、サービス提供者と継続的な関係を維持しなければならないと言う特殊な関係性を有している事である。この関係性から、そもそも利用者自身が、事業者と対等な関係に立って、自己に適切なサービスを選択して契約を締結したり、サービスの提供内容について要望や苦情を出してサービスの質の改善を求める事には、内在的・本質

的な制約があるといってもいいのである。」（日本弁護士連合会高齢者・障害者の権利に関する委員会編『契約型福祉社会と権利擁護のあり方を考える』あけび書房、2002 年、108 頁）

　「社会福祉で今日最も大切な基本理念の一つは、個人の尊厳である。憲法第十三条に掲げられているが、一人ひとりが一人の人間として尊重され、プライドをもって自己実現を図っていく事である。これは個人としての自立という事にも連結する。人間としてその人らしく自立する事は、個人の尊厳を保持する事と同じである。この自立を支援する事が、社会福祉の機能である。」（炭谷、前掲書、107 頁）

　「利用者の負担は、世帯の家計の負担能力に応じたものとするのが原則」（福祉行政法令研究会著『障害者総合支援法がよ〜くわかる本』（株）秀和システム、2012 年、26 頁）

　「社会福祉そのものは、資本の論理や営利活動とは原則として相いれず、非営利の公益原理に基づくものである。国・自治体の福祉に関する政策や活動は勿論、民間の団体や個人の福祉に関する処遇やサービスのような事業・活動も、原則として公益原理に沿うものである。」（小松、前掲書、161 ― 162 頁）

　「介護事業従事者の就業実態調査」によれば、「給与の支給形態は、時間給45.8%、月の固定給が 45.1% である。時間給制では、1,000 円台が 41% と最も多く、1,500 円未満と合わせると 70% に及ぶ。一方、月の固定給制では、金額で最も多い層が 15 万円から 20 万円が 53%、次いで 20 万円から 25 万円が 23.3%、そして 15 万円未満が 14.9% であった。また、通勤費については、一部負担が13.4%、なしが 20.6% に及ぶ。業務に就く為の移動時間については、有給が50% 強に留まっている（なお、待機時間については、登録ヘルパーの 91.5%、パートヘルパー 57.3% が無給となっている。」（加藤薗子「社会福祉政策と福祉労働」（植田章・その他編『社会福祉労働の専門性と現実』かもがわ出版、2002 年、27― 28 頁）

「ヘルパーの雇用形態が、正規・常勤ヘルパーの解雇・非常勤・パート化、有償ボランティア・登録ヘルパーへの転換など、雇用・身分の不安定化が急速に進んでいる[53]。」（加藤、前掲書、27 － 28 頁）

「利用者の尊厳を確立し、費用負担のための費用を工面し、サービスの供給基盤を整備することである。」（炭谷、前掲書、107 頁）

「こうした利用者補助方式では、行政責任として現れる国や地方自治体の公的責任の範囲は、従来の措置制度のもとでのサービスの提供と言った直接的なものから利用者の購買力の補完、さらにはサービスの調整などといった間接的なものに縮小、矮小化される。実際、従来の社会福祉事業法第三条では、社会福祉事業の担い手について、社会福祉法人などと並んで『国、地方公共団体』が明記され、同法五条のーでは、福祉サービスの実施責任を他者に転嫁することは禁じられていたが、改正社会福祉法では、旧法のこれらの条文が削除され、国や地方自治体の行政責任は、福祉サービスの提供体制の確保、利用促進のための情報提供や相談援助など間接的役割に縮小されている（社会福祉法第六条、第七十五条）。」伊藤周平著『社会福祉のゆくえを読む』（大月書店、2003 年、36 頁）

「社会福祉基礎構造改革で言われている国や地方自治体の公的責任とは、あくまでも、福祉サービスの直接的な提供責任ではなく、サービスの情報提供や利用援助といったコーディネイト的な責任にすぎない。福祉サービスの供給は、営利法人も含めた民間事業者に委ねる事を前提に、そうした民間企業の誘致などを行う事が『供給体制の整備』とされているので」（伊藤、前掲書、37 頁）

「支援費制度の対象となる福祉施設・事業所をすべて備える市町村は皆無であり、また、これらの福祉施設・事業所がまったくない市町村が 14.9％ もあると言う結果が明らかになっている。さらに福祉施設・事業別に見ると、通所型福祉施設がな

い（73.0%）、グループホームがない（73.1%）、デイサービスがない（86.6%）、ショートステイがない（60.9%）となっている。」

　「まず成年後見制度を見ても、担い手となる後見人の不足、経費等の問題等で障害のある人々の親がその役割を担っており、親亡き後の将来的な実効性が担保されていない。次に地域福祉権利擁護事業においては、本人にある程度の判断能力があることが前提で、対象者も在宅の知的障害のある人々に限定して解釈されているところに問題がある（判断能力を欠き、身寄りのない知的障害のある人々等の場合、市町村長の申立てによる成年後見制度の利用となるが、「家庭裁判所月報」によると2002年で258件と全体の1.9%で少数である）。」（伊藤、前掲書、41－43頁、137頁）

　「また、契約締結に関しては、法的には、いかに、本人が信頼する者であっても、正当な代理権の付与なしに本人になり代わって本人の名で記名捺印し、契約を結ぶことは違法である。成年後見制度が普及するまでの暫定措置とは言え、こうした違法行為を肯認する………厚労省の見解には問題がある。一方、サービス利用に関する苦情などについては、事業者と利用者の間で解決する事が基本とされ（社会福祉法第八十二条等）、事業者にサービスの自己評価や第三者が加わった福祉施設内における苦情解決のしくみの整備が求められている（社会福祉法第七十五条第一項、第七十八条等）。事業者と利用者との当事者間で解決できない苦情に関しては、都道府県社会福祉協議会に設けられた運営適正化委員会により解決をはかるとされ、また市町村も、サービス利用に関する苦情又は相談に応じることとされている（身体障害者福祉法第九条第三項及び第十七条の三第一項、知的障害者福祉法第九条第三項及び第十五条の四第一項、児童福祉法第二十一条の二十四第一項及び第二項）。とは言え、事業者に対する直接の指導監督は都道府県が行い、市町村は実施主体であるが、指定取り消し等の権限を有しているわけではないため、苦情解決といっても、ほとんど形式的な苦情相談で終わっているのが実情である。」（伊藤、前掲書、136－137頁）

「所得階級別の所得税負担は、高所得層ほど金融所得が多くて分離課税の恩恵を受けるので、合計所得が一億円を超えるほど負担率が低くなっている。」（梅原、前掲書、131頁）

　「法人税の基本税率は1989年度まで40%だったのが、90年度から37.5%、98年度から34.5%、99年度から30%、2012年度から25.5%に引き下げられた。さらに研究開発投資減税の拡充（2003年度）による負担率の引き下げのほか、組織再編成税制の創設・改定（2001、2007年度）、連結納税制度の創設（2002年度）、欠損金繰越期間の延長（2004年度、2001年分から遡及適用）、減価償却制度の抜本見直し（2007、2008年度）、外国子会社配当の益金不算入（2009年度）などによる課税ベースの縮小」（梅原、前掲書、129─131頁）

　「要するに、法人所得が増加しても、法人税負担が増えないようにされてきたのである。」（梅原、前掲書、131頁）

（5）統一（総合）規定における社会福祉と課題

　「一方では、お互いに他を予想しあい、制約しあっているが、しかも同時に他を否定しあい、排除しあっているという関係にある」（宮川、前掲書、299頁）

　「生産手段（福祉労働手段─挿入、引用者）を社会の手に移すことが、（現代資本主義社会における社会福祉労働内の使用価値と価値・剰余価値の矛盾対─挿入、引用者）の解決の合理的な仕方となる」不破哲三『マルクスは生きている』（平凡社、20001年、155頁）

　＜生産手段の社会化＞「労働者の側が企業を管理し運営していくことであるといえる。最終的に何らかの形態で生産手段を『自分のもの』にすることが管理・運営権を真に保障するものであるが、この権利を獲得することが生産手の社会化のもっ

とも重要な部分である。」（聽濤弘著『マルクス主義と福祉国家』大月書店、2012 年、150 頁）

　「生産手段の私的・資本主義的所有を社会的所有に転化することである。これは一過的な『立法的措置』によって樹立される側面と、生産関係の総体としての社会的所有を持続的に確立していく側面とがあり、それぞれ区別されなければならない。前者は法的形態であり、後者は経済的実態である。経済的実態の内容は一過的な行為によって労働者が生産手段の所有者になるというだけではなく、生産手段を労働者が管理・運営することができ、労働者が搾取から解放され生産の真の『主人公』になることを意味する。」（聽濤、前掲書、198 ― 199 頁）

　「社会主義社会の経済的民主主義を確立するために、生産手段の社会化の多様な具体的形態が考えられている。国家、地方自治体、協同組合、株式会社、労働組合、全社員自主管理等を基礎とする多様な所有形態が存在する」。（聽濤、前掲書、149 頁）

　福祉労働する諸個人が主体的、能動的、自覚的、自発的にアソーシエイトして行う福祉労働である。経済的に強制される賃労働は消滅している。②福祉労働する諸個人が福祉利用者に直接的に対象化・共同化する社会的な福祉労働である。③福祉労働する諸個人が全福祉労働を共同して意識的・計画的に制御する行為である。福祉利用者の生活活動（機能）の基盤である人間らしい健康で文化的な潜在能力の維持・再生産・発達の成就を目的意識的に制御すると言う人間的本質が完全に実現される。④協業・自治として行われる多数の福祉労働する諸個人による社会的労働である。社会的労働の持つ福祉労働力はそのまま彼かつ彼女らの福祉労働の社会的労働力として現れる。⑤福祉利用者を普遍的な対象とし、協働・自治によって福祉利用者を全面的に制御する福祉実践的行為、即ち福祉労働過程への科学の意識的適用である。⑥力を合わせて福祉労働過程と福祉従事者とを制御する事、また目的（福祉利用者の人間らしい健康で文化的な潜在能力の維持・再生産・発達の成就）を達成する事によって、福祉実践者に喜びをもたらす人間的実践、類的行動である。だ

から福祉労働は諸個人にとって、しなければならないものではなくなり、逆になによりもしたいもの、即ち第一の生命欲求となっている。⑦福祉労働する諸個人が各自の個性と能力を自由に発揮し、全面的に発展させる行為である。福祉労働する諸個人が共同的社会的な活動のなかで同時に自己の個性を全面的に発揮し、発展させる事ができる福祉労働である事、これこそがアソーシエイトした福祉労働の決定的な人間的本質である」（基礎経済科学研究所編『未来社会を展望する』大月書店、2010年、17 — 18頁）。

「第一に、直接的に生産に属さない一般的な管理費用。第二に、学校、衛生設備などのような、諸欲求を共同でみたすためにあてられる部分。第三に、労働不能なものなどのための、要するに、こんにちのいわゆる公的な貧民救済にあたることのための基金」（マルクス／エンゲルス［後藤洋訳］『ゴータ綱領批判／エルフルト綱領批判』新日本出版、2000年、26頁）

「消費税がその逆進的負担構造のために所得再分配機能を低める」（梅原、前掲書、140頁）

「消費税の増税によらず、所得税・法人税・資産課税を再生する」（梅原、前掲書、140頁）

「所得税では、総合・累進課税を追求し、税率については、後退させられてきた累進を少なくとも1998年水準（最高税率75％）には回復する必要がある。2013年度税制改正大綱では、所得税の最高税率について、現行1800万円超40％を2015年度から400万円超45％に引き上げたが、『所得再分配機能の回復』と呼ぶには不十分である。とりわけ配当所得・株式譲渡益に対する時限的軽減税率（2013年末まで10％）の適用をただちにやめて本則20％に戻し、高額の配当・譲渡益に対してはさらに高い率を適用すべきである。」（梅原、前掲書、140 — 141頁）

「法人税では、2015 年からの税率引き下げ（30 ― 25.5%）を中止し、研究開発税、連結内税制度などの大企業優遇措置をやめることが必要である。そして独立課税主義に立脚して、法人の規模・負担能力・受益の度合いにもとづき適正な税負担を求める法人税制を確立すべきである（段階税率の導入や受取配当金不算入制度の廃止など）。移転価格やタックスヘイブン（軽課税国）などを利用した国際的租税回避は徹底的に防止しなければならない。」（梅原、前掲書、141 頁）

「福祉の財源がないなら剰余価値から引き出せば良いのである。……。その上で若干具体的にみると現に大企業は 250 兆円もの内部留保を持っている。いま社会保障給付費は 94 兆 849 億円である（2008 年）。部門別では医療費 29 兆 6,117 億円、年金 49 兆 5,443 億円、福祉その他 14 兆 9,289 億円である。内部留保を引き出せるなら、社会保障の面でも非正規社員問題でも巨大な事ができる事は明瞭である。問題はどのようにして引き出せるかである。賃上げ等の経済的手段で引き出せる方法がある。しかし直接、財源を確保する為には内部留保が違法に蓄えられているものでない以上、内部留保に課税できるように税制を変える必要がある。」（聴濤弘著『マルクス主義と福祉国家』大月書店、2012 年、162 ― 163 頁）

「福祉財源の確保の為に金融投機を規制する金融取引税（トービン税）の導入も緊急の課題である。トービン税の提唱者であるアメリカのノーベル賞受賞経済学者ジェームス・トービン氏の試算では、1995 年時点のアメリカで為替取引に 0・1%の税を掛けただけで 3、120 億ドルの税収が得られるとしている。」（聴濤、前掲書、163 頁）

「社会福祉法への改正による基本的な問題点のひとつとして、この改革が、利用者の権利制を明確にし、選択や自己決定を保障するものとされながら、そしてそのための権利擁護の諸制度を創設したとされながら、社会福祉法上の規定として、福祉サービス利用者の権利性を明確に定めた規定が一切ないという根本的欠陥がある[71]。」（日本弁護士連合会高齢者・障害者の権利に関する委員会編、前掲書、33 頁）

「(1) 社会福祉の給付請求の権利（給付の要否や程度は、行政庁の一方的な裁量によって左右されるのではなく、社会福祉の必要性の有する人々の請求権に基づいて決定される。そして、給付請求権を権利として受給できるためには、①給付を申請することができること、②適切な基準を満たした給付内容を求めることができること、③いったん決定された給付を合理的な理由なく廃止されないこと等の規範的要素が満たさなければならない）、(2) 社会福祉の支援過程の権利（社会福祉の支援過程で誤ったケアや虐待等が行われないことが重要である。その為には、①福祉サービスの種類・内容及びこれを利用する時の権利と義務について知る権利、②自己の支援方針の決定過程に参加する権利、③福祉施設利用者の場合、自治会活動を行い、それを通じて福祉施設の管理運営及び苦情解決に参加する権利、④拘束や虐待等の危害・苦役からの自由の権利、⑤通信・表現・信教の自由の権利、⑥プライバシーの権利、⑦貯金・年金など個人の財産の処分について自己決定の権利等が保障されること）、(3) 社会福祉の費用負担の免除の権利（社会福祉の必要性によって誰でも普遍的に給付請求権が保障される為には、一定の所得以下で社会福祉を必要としながら、それに要する費用を負担できない人々に対して負担の免除が伴うのでなければならない。したがって、①免除を申請することができること、②免除の決定処分を求めることができること、③あらかじめ定められた徴収基準に反する徴収額に対してはその取り消しを求めることができる等が当然に求められなければならない）、(4) 社会福祉の救済争訟の権利（社会福祉の給付の内容や費用負担の額等を巡って権利が侵害された時、苦情の申し立て、不服申し立てや訴訟を提起して救済を求めることが保障されなければならない。現行では社会福祉法による苦情解決から、社会保険審査官及び社会保険審査会法、行政不服審査法及び行政事件訴訟法等がある。行政処分に対する不服審査や訴訟等の手段は厳格な手続きを必要とするので、支援過程の苦情解決には必ずしも適さない場合もある。そこでオンブズマン方式等の苦情解決の取り組みが広がりつつある。また、独立の救済機関を設置する）の4つの権利」（河野正輝「生存権理念の歴史的展開と社会保障・社会福祉」社会保障・社会福祉大事典刊行委員会編『社会保障・社会福祉大事典』旬報社、2004年、482 — 486頁）

生命（正常な長さの人生を最後まで全うできること。人生が生きるに値しなくなる前に早死にしないこと）、②**身体的健康**（健康であること［リプロダクティブ・ヘルスを含む］。適切な栄養を摂取できていること。適切な住居にすめること）、③**身体的保全**（自由に移動できること。主権者として扱われる身体的境界を持つこと。つまり性的暴力、子どもに対する性的虐待、家庭内暴力を含む暴力の恐れがないこと。性的満足の機会および生殖に関する事項の選択の機会を持つこと）、④**感覚・想像力・思考**（これらの感覚を使えること。想像し、考え、そして判断が下せること。読み書きや基礎的な数学的訓練を含む［もちろん、これだけに限定されるわけではないが］適切な教育によって養われた"真に人間的な"方法でこれらのことができること。自己の選択や宗教・文学・音楽などの自己表現の作品や活動を行うに際して想像力と思考力を働かせること。政治や芸術の分野での表現の自由と信仰の自由の保障により護られた形で想像力を用いることができること。自分自身のやり方で人生の究極の意味を追求できること。楽しい経験をし、不必要な痛みを避けられること）、⑤**感情**（自分自身の周りの物や人に対して愛情を持てること。私たちを愛し世話してくれる人々を愛せること。そのような人がいなくなることを嘆くことができること。一般に、愛せること、嘆けること、切望や感謝や正当な怒りを経験できること。極度の恐怖や不安によって、あるいは虐待や無視がトラウマとなって人の感情的発達が妨げられることがないこと［このケイパビリティを擁護することは、その発達にとって決定的に重要である人と人との様々な交わりを擁護することを意味している］）、⑥**実践理性**（良き生活の構想を形作り、人生計画について批判的に熟考することができること［これは、良心の自由に対する擁護を伴う］）、⑦**連帯**（**A** 他の人々と一緒に、そしてそれらの人々のために生きることができること。他の人々を受け入れ、関心を示すことができること。様々な形の社会的な交わりに参加できること。他の人の立場を想像でき、その立場に同情できること。正義と友情の双方に対するケイパビリティを持てること［このケイパビリティを擁護することは、様々な形の協力関係を形成し育てていく制度を擁護することであり、集会と政治的発言の自由を擁護することを意味する］ **B** 自尊心を持ち屈辱を受けることのない社

会的基盤をもつこと。他の人々と等しい価値を持つ尊厳のある存在として扱われること。このことは、人種、性別、性的傾向、宗教、カースト、民族、あるいは出身国に基づく差別から護られることを最低限含意する。労働については、人間らしく働くことができること、実践理性を行使し、他の労働者と相互に認め合う意味のある関係を結ぶことができること)、⑧**自然との共生**(動物、植物、自然界に関心を持ち、それらと拘わって生きること)、⑨**遊び**(笑い、遊び、レクリエーション活動を楽しむこと)。⑩**環境のコントロール(A 政治的** 自分の生活を左右する政治的選択に効果的に参加できること。政治的参加の権利を持つこと。言論と結社の自由が護られること。**B 物質的** 形式的のみならず真の機会という意味でも、[土地と動産の双方の] 資産を持つこと。他の人々と対等の財産権を持つこと。他者と同じ基礎に立って、雇用を求める権利を持つこと。不当な捜索や押収から自由であること)」(Martha C. Nussbaum 池本幸生・その他訳『女性と人間開発―潜在能力アプローチ―』岩波書店、2005 年、92 ― 95 頁)。

「単に『生きているだけ』ではなく『人間らしく生きる』ことが求められているのはいうまでもありません。人間らしく生きるために、憲法では多くの権利を保障しています。この人間らしく生きる権利の一つに『学ぶ』権利があります。どんなに障害が重くても学ぶ権利があるのです、……学ぶことは、人間らしく生きること、さらにより豊かに生きることを、障害の重い人たちの分野でも証明しているのです。」(橋本佳博・その他『障害をもつ人たちの憲法学習』かもがわ出版、1997 年、42 頁)

「長時間・過密労働に追い込んではならない、生活苦や不安・悩みを抱え込まざるをえない処遇・賃金条件のもとにおいてはならない、ということです。安い賃金で福祉労働者をこき使ってはならない」。後者は、「現在の福祉現場では、新自由主義的改革のもとで、市場化の嵐が吹き荒れる一方で、逆にその内部では、労働のマニュアル化にそった管理主義、福祉施設のトップダウン型リーダーシップの強化などが横行している」(二宮、前掲書、96 頁)

「福祉の職場では専門的裁量権にもとづく自治が必要」（二宮、前掲書、96頁）

「社会福祉の職場は社会福祉労働者と福祉利用者が相互のコミュニケーションによって運営していく場だと考えるし」（二宮、前掲書、96頁）

「比例税率で課税される比例所得税を、地方税体系の基幹税に据えることは日本では容易である。つまり、個人住民税を10％の比例税にした結果をシュミレーションして見ると、国税の所得税から地方税の個人住民税に3兆円の税源移譲が実現する（2007年に3兆円の税源委譲が実現した）。しかし、地方税体系としては、比例的所得税を基幹税とするだけでは不十分である。と言うのは、比例的所得税では、所得を受け取った地域でしか課税できないし、他の市町村に居住している人々で、その市町村で事業を営む人々、あるいは事業所に働きに来る人々にも課税できないので不十分である。なぜならば、むしろ居住者よりも事業活動をしている人々や働いている人々の方が、市町村の公共サービスを多く利用している。そこで所得の分配地で分配された所得に比例的に課税するだけでなく、所得の生産局面で課税する地方税として事業税が存在しているので、事業税を所得型付加価値税（IVA「所得型付加価値税」＝C「消費」＋I「投資」−D「減価償却費」＝GNP「国民総生産」−D＝NNP「国民純生産」＝W「賃金＋利子＋地代」＋P「利潤」）に改めることによる「事業税の外形標準化」として実現する。事業税を所得型付加価値税に改めれば、事業税が事業活動に応じた課税となる。そうなると市町村は、公共サービスによって地域社会の事業活動を活発化すればするほど、安定的な財源が確保できる。さらに地方税体系は、こうした所得の生産局面に比例的に課税される地方税を追加しただけでも不十分である。と言うのは、所得の生産局面での課税では、その市町村で生産活動を行う人々にしか課税されないからである。市町村には生産活動だけではなく、観光地や別荘地に見られるように、消費活動を行いに来る人々も市町村の公共サービスを利用しているので、消費に比例した負担を拡充することが必要である。つまり、日本では、現在、こうした地方税としての地方消費税が存在してい

るので、この消費税のウエイトを拡充していけばよいことになる[78]。」(神野直彦「三つの福祉政府と公的負担」神野直彦・その他編『福祉政府への提言』岩波書店、1999年、296 ― 301頁)地方税を拡充する事への反対論には、地方税を拡充すれば、財政力の地域間格差が拡大すると言う点にある。しかし、個人住民税の比例税率化で国税から地方税に税源移譲を実施すれば、国税と地方税とを合わせた税負担には変化がないけれでも、地方税だけを見ると、低額所得者は増税となり、高額所得者は減税となる。そうだとすれば、低額所得者が多く居住する貧しい地方の地方税収入がより多く増加し、高額所得者が多く居住する豊かな地方の地方税収がより少なく増加することになる。したがって、地方自治体間の財政力格差をむしろ是正しつつ、自主財源である地方税の拡充が可能なのである(神野、前掲書、298頁)

「このように地方税では所得循環の生産・分配・消費と言う3つの局面でバランスをとって課税する必要があり、こうした地方税体系を構築していくことが社会福祉の財源の税方式にとって必要であり課題でもある。」(神野、前掲書、301頁)

「国家独占資本主義の手にゆだねて矛盾の増大を許すか、あるいは民主義的な手続きにもとづいて」(富沢、前掲書、86頁)

社会福祉の歪みを正し、福祉利用者の人間的欲求に見合った社会福祉の発展を図っていく「労働者階級が中心的な社会的勢力として主導的な役割を果たし」(富沢、前掲書、89頁)

「労働者階級の階級的民主統一戦線が不可欠の条件となる。」(富沢、前掲書、89頁)

「第一に、要求にもとづく統一行動の発展が必要である。統一行動発展の基本原則は、①一致点での統一、②自主性の統一、③対等・平等と民主的運営、④統一を妨げる傾向にたいする適切な批判、⑤分裂・挑発分子を参加させないことである。第二に、統一行動の繰り返しだけではなく、政策協定と組織協定にもとづいた全国

的規模の統一戦線を結成することが必要である。」(富沢、前掲書、83 頁)

「地域の社会福祉問題を解決し、住民生活の向上を目的にした地域住民と公私の社会福祉機関・団体より構成された民間組織」(社会福祉辞典編集委員会編、前掲辞典、237 頁)

「社会福祉協議会を『一定の地域社会において、住民が主体となり、社会福祉、保健衛生その他住民生活の改善向上に関連のある公私関係者の参加、協力を得て、地域の実情に応じ、住民の福祉を増進することを目的とする民間の自主的な組織である』」(社会福祉辞典編集委員会編、前掲辞典、237 ― 238 頁)

第Ⅲ章

4、福祉利用者の福祉の成就を支援していく社会福祉労働論

(1) 生存権的平等の保障

「社会保障『構造改革』の内容と目指すものは、ありのままに示せば国民の利益に反する社会保障にしていくものであり、社会保障を社会保障でないものにしていくものである。」(真田是「社会保障『構造改革』とは何か」総合社会福祉研究所編『総合社会福祉研究』第 12 号、1997 年 12 月、8 頁)

「『95 年勧告』が描き、かつ 60 年代には一定の現実性をも帯びたところの『社会保障の三層システム―（筆者挿入）』を全面的に解体し、これを『強制加入の私的保険』と『再版救貧法』へと再編することが社会保障『構造改革』の目指すゴールではなかろうかということである。」(西岡幸泰「社会保障『構造改革』」総合社会福祉研究所編『総合社会福祉研究』第 12 号、1997 年 12 月、22 頁)

(2) 労働と社会福祉労働

「労働は、人間生活全体の第一の基本条件であって、しかも、ある意味では、労働が人間そのものをつくりだした、と言わなければならないくらいにそうなのであ

る。」（大月書店編集部編『猿が人間になるについての労働の役割』大月書店、1965年 4 月、7 頁）

　「蜘蛛は、織匠の作業にも似た作業をするし、蜜蜂はその蝋房の構造によって多くの人間の建築師を赤面させる。しかし、もともと、最悪の建築師でさえ最良の蜜蜂にまさっているというのは、建築師は蜜房を蝋で築く前にすでに頭のなかで築いているからである。労働過程の終わりには、その始めにすでに労働者の心像のなかには存在していた、つまり観念的にはすでに存在していた結果が出てくるのである。労働者は、自然的なものの形態変化をひき起こすだけではない。彼は、自然的なもののうちに、同時に彼の目的を実現するのである。その目的は、彼の知っているものであり、法則として彼の行動の仕方を規定するものであって、彼は自分の意志をこれにしたがわせねばならないのである。」（マルクス、前掲書、234 頁）

　「第一段階は、19 世紀末までの社会問題としての生活問題を担った人々に対する慈善活動と救貧法の段階である。慈善活動は個人的動機に基づいて、貧困の人々に対して補足的かつ恩恵的に行っていたのであるが、しかし、貧困の人々の増加が治安の側面から政治問題になるほど深刻化し、相互扶助活動及び慈善活動よりも社会化された救貧法の救済活動が確立した。しかし、救貧法は、貧困の人々を自助の不足と労働能力の欠損者と考えられていたので、貧困の人々への救済は治安政策と結びついて、実質的には自助努力の不足と労働能力の欠損者に対する懲罰と見せしめとされ、救済活動は最低限に抑えられた。第二段階は、20 世紀初頭を画期とするもので、救貧法よりも社会化された社会事業の段階の施策である。独占資本の形成の中で貧困の人々等は増大し、労働組合運動の量的質的発展、普通選挙権要求等の政治的民主主義運動の発展、労働者政党の結成等の労働者階級の力量の発展が、貧困の人々等の生活問題の社会性（貧困の人々等の生活問題が資本主義経済・社会の所産であること）の認識と防貧の制度化を国家に強いた。そうした関係は、慈善活動と救貧による救済活動をも文字通りの貧困の人々等の救済を社会事業の社会福祉労働に転化させるものであった。第三段階は、第二次世界大戦の戦中・戦後 40 年

代の改革によってもたらされたいわゆる社会事業よりも社会化された福祉国家の段階である。1942 年のベヴァリッジの社会保障報告は、欠乏、疾病、無知、怠惰、不潔の五つの巨人悪の克服を提起し、それらが私的には解決しえない、国家的政策課題であると主張した。生活問題を担った人々の人間らしい暮らしの保障、つまり、社会福祉の観点から所得保障の社会福祉労働ばかりではなく、医療の社会福祉労働、教育の社会福祉労働、雇用の社会福祉労働、住宅・環境の社会福祉労働の保障が捉えられたのである。福祉国家とはそれらへの政策的対応をまともに行う国家を意味するが、福祉国家の建設への取り組みの中で、社会福祉労働の社会化が促進される。そして、社会福祉労働の社会化を促した要因は、第一に、多くの生活問題を担った人々が労働者階級に属し、自営業等の中間階級の生活問題を担った人々も労働者階級と同様な生活状態に陥り、社会福祉等なしには生活費も医療の充足もままならなくなった。第二に、独占資本の地域支配が強まった段階では、産業のスクラップ・アンド・ビルドは地域のそれに連動するようになった。それに伴う労働力の流動化は都市問題（住宅難、交通難、公害）と過疎の地域問題を引き起こし、その双方で生活問題を担った人々の生活条件は悪化する。第三に、独占資本の利潤追求が生活の隅々に浸透し、お金のかかる生活様式の生活問題を担った人々に強制するようになって、その結果、生活問題を担った人々の生活上のアンバランスの広がりを引き起こした。社会福祉労働の社会化が国家によって促進されなければ、生活問題の矛盾を深刻化させる。第四に、資本主義的発展の結果、貧困を原因とする家庭崩壊のみならず、共働き世帯の増加、核家族の増加による介護機能の低下が広がった。」＜高島進「社会福祉とは」（坂寄俊雄編『日本の社会保障』法律分化社、1996 年 2 月、145 ～ 148 頁）

（3）社会福祉労働の特殊性
①社会福祉労働の特殊性
「一般に、ただ物としてではなく活動として有用であるかぎりでの労働の特殊な使用価値の表現」（マルクス［岡崎次郎訳］『直接的生産過程の諸結果』大月書店、1970 年 8 月、123 頁）

「現代資本主義が生み出す多様な生活・人格問題に関わる社会問題対策としての労働であり、それは社会問題を担う人びととの人間らしい生存・生活と人間的発達・自立を保障する労働という固有の性格と意義をもつものである。」（加藤薗子「社会福祉援助技術研究における『社会福祉労働』視点の意義─技術主義の克服の為に─」総合社会福祉研究所編『総合社会福祉研究』第3号、1991年7月、19頁）

　「したがって社会福祉労働の具体的な展開過程では、多くの場合、生活問題を解決し克服する手段・諸能力を喪失し、その結果さまざまな権利侵害の状態におかれている人びとを直接その労働対象とする。生存・発達保障労働としての社会福祉労働は、貧困・社会問題が人間・人格に及ぼす影響とあらわれを総合的に把握する社会問題認識を基礎に、問題をより具体的かつ効果的に解決するための専門性及び技術（技能─筆者、挿入）性をそなえた労働である。」（加藤、前掲論文、19頁）

　「簡易便器を用いて排尿・排泄の指導に際し、できるだけコミュニケーションをした方が有効です。そう言う形でもっと知的障害児を理解して、いい処遇をしたい」（1998年7月19日（日曜日）に鹿児島市に所在する精神薄弱児施設「明星学園」を視察した時、指導員が日常の処遇について教示してくれた）

　「労働能力を形成、維持、変化などさせるような、要するに労働能力に特殊性を与えたり、またそれを維持するにとどまるようなサービスの購入、つまり、たとえば『産業的に必要』または有用なかぎりでの教師のサービス、健康を維持し従ってあらゆる価値の源泉である労働能力そのものを保有するかぎりでの医師のサービスなどは、だから、その代わりに『ひとが買いうる一商品』。すなわち労働能力そのものを生みだすサービスであって、この労働能力の生産＝または再生産費にこれらのサービスは入りこむのである。」（マルクス［長谷部文雄訳］『剰余価値学説史』第1分冊　青木書店、1957年12月、231頁）

「生活問題を担った福祉利用者の人間らしい健康で文化的な生活活動 [機能] の基盤である潜在能力 [抽象的人間生活力・抽象的人間労働力] の維持・再生産・発達・発揮の成就に寄与し保障していくサービスであると規定する事ができる。ここで、筆者が人間らしい健康で文化的な生活活動 [機能] の基盤である潜在能力 [抽象的人間生活力・抽象的人間労働力] と言う時、それは『商品としての労働力』とは明確に区別されかつ対立する概念であり、精神的・肉体的な生活・労働能力の総体、すなわち人格を表す概念である事、そして自立しうる、全面的に発達した潜在能力 [抽象的人間生活力・抽象的人間労働力] を持つ事こそが、生活問題を担った人々にとって真に人間らしい健康で文化的な生存者になる事であり、自由の不可欠の条件である事を想起する。この点で、福祉利用者に対する社会福祉労働を人間らしい健康で文化的な生活活動 [機能] の基盤である潜在能力 [抽象的人間生活力・抽象的人間労働力] の維持・再生産・発達・発揮の保障の視点から規定する事は、積極的意義を持つ。社会福祉労働も生活問題を担った人々が人間らしい健康で文化的な生活活動 [機能] の基盤である潜在能力 [抽象的人間生活力・抽象的人間労働力] を獲得し、自立 [自律] できる条件を保障する事を目標とすべきであり、またその為の可能性を追求する事こそ、社会福祉労働の特殊性にほかならない。そして、社会福祉労働は、前述のように、人間らしい健康で文化的な生活活動 [機能] である潜在能力 [抽象的人間生活力・抽象的人間労働力] の維持・再生産・発達・発揮を保障するサービスとして、社会的生産の発展にとっても有益かつ不可欠な労働であり、またそれゆえにこそ物質的生産労働がつくりだした国民所得からの社会福祉費の控除を正当な理由をもって要求する事ができるのである。」（芝田進午「医療労働の理論」芝田進午編『医療労働の理論』青木書店、1976 年 10 月、19 頁）

②社会福祉労働の労働過程

（芝田進午『人間性と人格の理論』（青木書店、1961 年 11 月、63 〜 68 頁）

社会福祉労働の技能・技術的過程

「集団としても、地域及び環境等に規定された一定の個性をもつ人間集団である。

それは人間固人としても、人間集団としても、それぞれ一定のシステムをもっており、また一定の範囲内で一定の法則性に規定された生理的・社会的存在である。」（芝田、前掲書を参考にする）

社会福祉労働の組織的過程

芝田進午氏の指摘を社会福祉労働に置き換えて述べるならば、社会福祉の労働過程は一面からみれば技能・技術的過程であるが、他の側面からみれば組織的過程である。（芝田、前掲書を参考にする）

（4）社会福祉労働の矛盾

拙稿「福祉国家の国家財政論」（社会福祉研究センター編『草の根福祉』第 21 号、1993 年 12 月）にて、国民総福祉費の負担を大衆に転嫁している事を論じている。

「社会福祉施設等利用者（障害のある人）が選択できる仕組みにするといっています。」第 4 回社会福祉研究交流集会実行委員会事務局編『社会保障・社会福祉「改革」資料集 4』（総合社会福祉研究所、1998 年 7 月、186 頁）

「多様な施設を提供して選択できるようにするため、民間企業を導入して社会福祉法人と競わせ、利用料を支払うという有料制を導入し、措置制度の廃止の方向を明らかにしています。措置制度は、国や地方公共団体が施設の入所を決定し、そのかわり国と地方公共団体が施設運営の費用を負担する『行政処分』であるから、根本的に見直すとしています。そして、『介護保険制度における負担の考え方との整合性』をはかるために、『社会福祉のための費用を公正に負担する』とし、有料福祉の導入を提言しています。ようやく授産施設の利用料を扶養家族が負担しなくてもよくなったばかりなのに、ふたたび施設の利用料を本人と家族負担を法・制度で固定化することは絶対的に認められません。また、2000 年に実施が予定されている介護保険法は、40 才以上になると年金だけで生活している障害者であっても、月額 2600 円（予定）の保険料を徴収されますが、この方式を社会福祉事業全体に

持ち込もうとしているのです。」（第4回社会福祉研究交流集会実行委員会事務局編、前掲資料集、190頁）

　「『サービスの利用』について、『行政処分である措置制度から、個人が自ら選択し、それを提供者との契約により利用する制度への転換を基本』とした措置制度の廃止と契約利用制度導入、その転換を軸として措置費にかわる『サービスの内容に応じた利用者に着目した公的助成』を打ち出したことは極めて重大である。これを民間企業も念頭においた『多様なサービス主体の参入促進』や『より快適な環境や付加的サービス』を『利用者自身の負担で利用する』システムと結びつけることによって、社会福祉を国民の権利保障の制度から切り離し、サービスの提供を通じた利潤追及も認める『市場原理』のもとに開放することこそが、『改革』の最大のねらいであることがいっそう明らかになった。」（第4回社会福祉研究交流集会実行委員会事務局編、前掲資料集、190頁）

　「『障害者自立支援法』見直し動向―今こそ―からの出直しを」（季刊福祉労働122号、2009年、124頁）

　「多くの事業所では、日払い方式に対応するため、開所日数を増やしたり、利用者を増やすための努力を重ねているものの、減収となるところも多く、職員の賃金カットや退職者の不補充、パート化の促進などで対応せざるをえず、職員の労働条件が悪化している。」（伊藤周平著『保険化する社会福祉と対抗構想』山吹書店、2011年、38頁）

　「給与の支給形態は、時間給45.8%、月の固定給が45.1%である。時間給制では、1,000円台が41%ともっとも多く、1,500未満と合わせると70%に及ぶ。一方、月の固定給は、金額でもっとも多い層が150,000円から200,000円が53%、次いで200,000円から250,000円が23.3%、そして150,000未満が14.9%であった。また、通勤費については、一部負担が13.4%、無しが20.6%に及ぶ。業務

に就くための移動時間については、有給が 50% 強に留まっている。待機時間については、有給が 64.2% に留まっている（なお、待機時間については、登録ヘルパーの 91.5%、パートヘルパーは 57.3% が無給となっている）。報告書作成時間については 33.5% が無給となっている。打ち合わせ時間については、20.3% が無給となっている。」（ゼンセン同盟・日本介護クラフトユニオンの 2000 年 6 月から 7 月にかけての「介護事業従事者の就業実態調査」）

(5) 社会福祉労働の課題

　「①福祉労働する諸個人が主体的、能動的、自覚的、自発的にアソーシエイトして行う福祉労働である。経済的に強制される賃労働は消滅している。②福祉労働する諸個人が福祉利用者に直接的に対象化・共同化する社会的な福祉労働である。③福祉労働する諸個人が全福祉労働を共同して意識的・計画的に制御する行為である。福祉利用者の生活活動（機能）の基盤である人間らしい健康で文化的な潜在能力の維持・再生産・発達の成就を目的意識的に制御すると言う人間的本質が完全に実現される。④協業・自治として行われる多数の福祉労働する諸個人による社会的労働である。社会的労働の持つ福祉労働力はそのまま彼かつ彼女らの福祉労働の社会的労働力として現れる。⑤福祉利用者を普遍的な対象とし、協働・自治によって福祉利用者を全面的に制御する福祉実践的行為、即ち福祉労働過程への科学の意識的適用である。⑥力を合わせて福祉労働過程と福祉従事者とを制御する事、また目的（福祉利用者の人間らしい健康で文化的な潜在能力の維持・再生産・発達の成就）を達成する事によって、福祉実践者に喜びをもたらす人間的実践、類的行動である。だから福祉労働は諸個人にとって、しなければならないものではなくなり、逆になによりもしたいもの、即ち第一の生命欲求となっている。⑦福祉労働する諸個人が各自の個性と能力を自由に発揮し、全面的に発展させる行為である。福祉労働する諸個人が共同的社会的な活動のなかで同時に自己の個性を全面的に発揮し、発展させる事ができる福祉労働である事、これこそがアソーシエイトした福祉労働の決定的な人間的本質である」（基礎経済科学研究所編『未来社会を展望する』大月書店、2010 年、17 ― 18 頁）。

「社会福祉労働者という公務労働者は、現実的には階級国家（自治体を含む）に雇用されており、国家権力の意思を代行し、社会福祉を必要とする国民にたいして社会福止をおしつける役割を果たさせられている。その結果、社会福祉労働者は、社会福祉労働についての前述の諸規定、その諸契機のすべてを否定され、官僚主義的な疎外された労働を行わせられる。」（芝田、前掲書、314 頁）

　「というのは、労働の権利と労働の自由こそ、（一）人間の生きる権利、自由、幸福を追求する権利を保障し、自己実現を可能にし、社会福祉の理念を実現するからであり、（二）社会福祉がおこなわれる物質的前提、その源泉をつくりだすからである。それゆえ、労働の権利の実現が制限されているかぎり、社会福祉への権利も制限されたものにとどまる。」（芝田、前掲書、314 頁）

　コミュニケ―ション労働としての福祉労働にふさわしい専門的裁量権を福祉現場に保障すること、②定型・非定型の知的（技能―筆者挿入）熟練を福祉労働者に保障するための雇用保障を確立すること、③専門職としての福祉労働にはその職務にふさわしい最低賃金・給与体系を確立すること、④コミュニケ―ションを核心にした福祉労働に必要なコミュニケ―ション・ネットを地域単位に整備すること、⑤人権・発達保障の視点から福祉自治を確立する」（二宮厚美著『日本経済の危機と新福祉国家への道』新日本出版社、2002 年、214―215 頁）

　「国家独占資本主義の手にゆだねて矛盾の増大を許すか、あるいは民主義的な手続きにもとづいて」（富沢賢治編『労働と生活』世界書院、1987 年、86 頁）

　「労働者階級が中心的な社会的勢力として主導的な役割を果たし、労働者階級の階級的民主統一戦線が不可欠の条件となる。」（富沢、前掲書、89 頁）

　「第一に、要求にもとづく統一行動の発展が必要である。統一行動発展の基本原

則は、①一致点での統一、②自主性の統一、③対等・平等と民主的運営、④統一を妨げる傾向にたいする適切な批判、⑤分裂・挑発分子を参加させないことである。第二に、統一行動の繰り返しだけではなく、政策協定と組織協定にもとづいた全国的規模の統一戦線を結成することが必要である。」（富沢、前掲書、83頁）

第Ⅳ章

5、福祉利用者の福祉の成就を支援していく福祉専門職論
（1）社会福祉における専門職とは何か

「人間が生活の際に支出する脳髄・神経・筋肉等を意味する」・抽象的人間労働力「人間が生活の際に支出する脳髄・神経・筋肉等を意味する」の維持・再生産・発達・発揮の阻害＝福祉利用者の潜在能力の不足・欠如の生活問題] の社会問題認識の欠如下におけるその情緒的・内面的な支援（真田是「社会保障『構造改革』とは何か」総合社会福祉研究所編『総合社会福祉研究』第 12 号、1997 年 12 月、8 頁）

「大学にとって重要なことは、本来、大学教育は、担当教員の研究成果をその方法論も含め、学生に教授することにある」（関家新助著『社会福祉の哲学』[新中央法規出版、2011 年、168 頁] ）

（2）従来の社会福祉における専門職論の到達点と問題点

従来の社会福祉における専門職論は、大別すると三つに分類できる。まず一つは、体系的理論、専門的権威、コミュニティの承認、規制的な倫理綱領、専門的文化を持って労働者一般と区別され、特別階層として捉えた専門職論である。（西岡幸泰「社会保障『構造改革』」総合社会福祉研究所編『総合社会福祉研究』第 12 号、1997年 12 月、22 頁）

　　3) 理論は、一定の対象領域について一定の方法にもとづいて獲得された情報の集積であって、論理的に加工整序され、かつ批判的検証に耐えるものとして一般的に公示された知識の体系を意味する。とするならば、経験主義（理論の重要性を理解

せず、自分の個別的、断片的な経験から得た知識を、そのまま普遍的で、どこにで
も適用できる真理と考える一種の主観主義）の社会福祉労働を克服していかなけれ
ばならない。K・マルクス（大内兵衛・その他監訳）『資本論』第 1 巻第 1 分冊　大
月書店、968 年 2 月、234 頁）

　4)

　①特別階層としての専門職論

　この論文においては、専門職に関する一般的な共通属性を分析し、次のような五
つの属性を抽出している。つまり彼は、①組織的あるいは体系的な専門的理論を持
っている事、②専門職としての権威がある事、③地域社会によって、この権威が承
認されている事、④専門職員とクライエント及び同僚との関係を規制する倫理綱領
がある事、⑤専門的文化を持っている事の共通属性を示し、五つの属性は社会福祉
における専門職にも適用できると指摘している。（大月書店編集部編『猿が人間に
なるについての労働の役割』大月書店、1965 年 4 月、7 頁）

　「素人（the layman）が比較的に無知であるということをきわだたせるような一
種の知識を、専門家（the professional）に対して賦与する。このことは専門的権
威の基礎である」、「専門的な関係では、専門家がクライエントにとって何が善く、
何が悪いかを指示するが、クライエントは選択をせず、専門的な判定に同意するだ
けである。」（高島進「社会福祉とは」（坂寄俊雄編『日本の社会保障』法律分化社、
1996 年 2 月、145 〜 148 頁）を参考にする。）

　「彼は自分自身のニードを診断したり、それらを満たす可能性の範囲を弁別した
りすることができないし、彼が受ける専門的サービスの力量（caliber）を評価する
ことができるとも考えられない。」K・マルクス［岡崎次郎訳］『直接的生産過程の
諸結果』（大月書店、1970 年 8 月、123 頁）

　「もし専門職業と他の職業をもっとも効果的に区別する特質が一つだけ選択され
るべきだとしたら、それはこの文化なのである [19]。」（加藤薗子「社会福祉援助技
術研究における『社会福祉労働』視点の意義―技術主義の克服の為に―」（総合社

105

会福祉研究所編『総合社会福祉研究』第3号、1991年7月、19頁）。

「専門職業の文化はその価値、規範、象徴から成っているのである。」（加藤、前掲論文、19頁）

マルクス（長谷部文雄訳）『剰余価値学説史』第1分冊（青木書店、1957年12月、231頁）

「いかなる専門職でも、ある範囲内で専門職に一連の権力と特権を与えることによって生まれるその権威を、コミュニティにすすんで認めさせるべく努力をする。」（芝田進午「医療労働の理論」芝田進午編『医療労働の理論』青木書店、1976年10月、19頁）

②聖職としての専門職論
芝田進午『人間性と人格の理論』（青木書店、1961年11月、63～68頁）

③専門技能・技術としての専門職論
「一般に福祉の先進国においては、十九世紀以降の社会問題の発生、これに対する個人的主観的対応としての慈善行為、篤志ワーカーの増大と組織化、経験を踏まえた問題の客体化と、それに接近する共通の方法論の必要性の認識、体系的な知識の整理と教育訓練の開始、有給ワーカーの登場、彼等の実績に対する評価と認知、自らの倫理綱領をもち高い意識と誇りに結ばれた自立的な専門家集団の形成、社会的地位の確立と、ふさわしい待遇の確保と言う経過で、社会福祉の専門化とワーカーの専門職化が進んできた」（芝田、前掲書）

「個人が環境とかかわる接点に生ずる生活上の諸問題を、社会的機能の強化という視点から、単独又は他の臨床専門家（医師または臨床心理学者）と協働して解決に当たる専門職者として考えられるに至った」（拙稿「福祉国家の国家財政論」社会

福祉研究センター編『草の根福祉』第 21 号、1993 年 12 月）

6、福祉利用者・社会福祉労働者の生存権・発達権保障の専門職論

　「①福祉労働する諸個人が主体的、能動的、自覚的、自発的にアソーシエイトして行う福祉労働である。経済的に強制される賃労働は消滅している。②福祉労働する諸個人が福祉利用者に直接的に対象化・共同化する社会的な福祉労働である。③福祉労働する諸個人が全福祉労働を共同して意識的・計画的に制御する行為である。福祉利用者の生活活動（機能）の基盤である人間らしい健康で文化的な潜在能力の維持・再生産・発達の成就を目的意識的に制御すると言う人間的本質が完全に実現される。④協業・自治として行われる多数の福祉労働する諸個人による社会的労働である。社会的労働の持つ福祉労働力はそのまま彼かつ彼らの福祉労働の社会的労働力として現れる。⑤福祉利用者を普遍的な対象とし、協働・自治によって福祉利用者を全面的に制御する福祉実践的行為、即ち福祉労働過程への科学の意識的適用である。⑥力を合わせて福祉労働過程と福祉従事者とを制御する事、また目的（福祉利用者の人間らしい健康で文化的な潜在能力の維持・再生産・発達の成就）を達成する事によって、福祉実践者に喜びをもたらす人間的実践、類的行動である。だから福祉労働は諸個人にとって、しなければならないものではなくなり、逆になによりもしたいもの、即ち第一の生命欲求となっている。⑦福祉労働する諸個人が各自の個性と能力を自由に発揮し、全面的に発展させる行為である。福祉労働する諸個人が共同的社会的な活動のなかで同時に自己の個性を全面的に発揮し、発展させる事ができる福祉労働である事、これこそがアソーシエイトした福祉労働の決定的な人間的本質である」（基礎経済科学研究所編『未来社会を展望する』大月書店、2010 年、17 ― 18 頁）。

　第 4 回社会福祉研究交流集会実行委員会事務局編『社会保障・社会福祉「改革」資料集 4』（総合社会福祉研究所、1998 年 7 月、186 頁）

　「『技術』（skill）は『方法（論）』（method）の一要素として、明確に位置づけられ、

その援助過程（process）に用いられる技術とされ、さらに個人的な工夫の加わったテクニック（technique）や、価値観の加わった技能（art）に発展する基本的な地位におかれている。」（秋山智久「社会福祉技術の社会的基盤」仲村優一・その他編『講座社会福祉』有斐閣、1984 年、61 頁）

「社会福祉実践における技術とは、英語で一般に skill と表現されている。知識、訓練、才能などから生じる手腕、力量、腕前などを意味していると言える。」

「技術とは、クライエントを認識し、洞察することであるといえるし、クライエントの特質を把握することであり、理解することだといえる。」

太田義弘「社会福祉実践の過程展開と方法・技術」（仲村、前掲書、146 頁）

「保育労働は子供の人権・発達保障をテーマにした精神代謝労働の一つであり、コミュニケーション労働の一種です。保育を一つの労働過程としてとらえた場合、保育士がその労働主体となってあらわれますが、保育士と子供たちとのコミュニケーション過程の面からみると、発達・保育ニーズの発信主体は子供たちであり、保育士は子供たちとの了解・合意を前提にして、一つの共受関係に入ります。共受関係とは、保育士が子供たちの発達を担うと同時に自ら発達するという関係、お互いがお互いの発達を受け合い、共に享受するという関係のことです。これは看護の労働に似ています。看護の看という字はしばしば指摘されてきたように、手と目という文字を結びつけたもので、看護婦は手と目によって患者に働きかける、すなわちコミュニケーションを媒介にして患者に接します。看護婦は、その動作や表情や言葉で働きかけ、患者を励まし、その潜在的な能力を引き出して病気を克服する手助けをします。これと同様に、保育士も子供たちの潜在的な能力に非言語及び言語的コミュニケーションを媒介にして働きかけ、その能力を顕在化させる仕事に従事しているわけです。」（二宮厚美著『自治体の公共性と民間委託―保育・給食労働の公共性と公務労働―』自治体研究社、2000 年、122 頁）

「『福祉』（well-being）はひとが実際に成就するもの—彼／彼女の『状態』（being）
はいかに『よい』（well）のものであるか—に関わっている。」（アマルティア・セ
ン［鈴村興太郎訳］『福祉の経済学』岩波書店、1988年、15頁）

　「特別養護老人ホームでの行事の時であった。ある寮母は歌手のように衣装をま
とい、高齢者たちを前に歌を唄った。それを聞いている高齢者たちは、満面に笑い
を浮かべて、さかんに拍手を送り、口々に『上手や、上手や』と褒め、『人間、や
はり長生きしているもんですな』と述懐していた。寮母も、高齢者から送られる拍
手に上機嫌だった表情をしていた。これは、高齢者と寮母との、ささやかなりと雖も、
一つのコミュニケーションの場を物語っている。高齢者と寮母が触れ合い、結びつ
いて、コミュニケーション的関係を切り結んでいる。そこで発揮された高齢者の力
とは何か、これが実は寮母の歌を楽しむ受動的・享受能力である。高齢者は寮母の
歌声を享受して生きる力を持つようになる。寮母は高齢者が歌を楽しむ表情に接し
て、次はもっとうまく唄ってやろうと言う意欲に駆り立てられる。これがコミュニ
ケーションの場が持つ独特の力である。」（二宮、前掲書、94－95頁）

　「人間を対象とし、人間らしい生活と人間の全面的な発達・成長を阻むさまざま
な障害を取り除いて人間本来の全面発達を可能にしようとするところにある。」（真
田是「福祉労働の意味と現状」山本阿母里編『ジュリスト』有斐閣、1974年、52頁）

●著者紹介

竹原　健二（たけはら　けんじ）

社会福祉研究者　1950 年鹿児島生まれ

著書

『障害者福祉の基礎知識』（筒井書房、単著）、『障害者の労働保障論』（擢歌書房、単著）『障害者福祉の理論的展開』（小林出版、単著）、『社会福祉の基本問題』（相川書房、単著）、『現代福祉学の展開』（草文社、単著）、『障害者問題と社会保障論』（法律文化社、単著）、『社会福祉の基本問題』（相川書房、単著）、『障害のある人の社会福祉学』（学文社、単著）、『保育原理』（法律文化社、編著）『福祉実践の理論』（小林出版、編著）、『現代の社会福祉学』（小林出版、編著）、『現代地域福祉学』（学文社、編著）、『現代の障害者福祉論』（小林出版、編著）、『現代の社会福祉学』（小林出版、編著）、『現代障害者福祉学』（学文社、編著）、『介護と福祉システムの転換』（未来社、共著）、『現代社会福祉学』（学文社、編著）、『障害のある人の社会福祉学原論』（メディア・ケアプラス、単著）、『社会福祉学の探究』（小林出版、単著）、『社会福祉学の科学方法論』（本の泉社、単著）、『障害のある人の開発（自立（自律）のための社会福祉)』（本の泉社、単著）、『子どもの開発と子どもの貧困』（本の泉社、単著）、『高齢者の開発と介護福祉』（本の泉社、単著）、『福祉利用者の開発と社会福祉』（本の泉社、単著）

翻訳

スーザン・キャンドラー「社会政策とアメリカの福祉国家」（西日本短期大学法学会編『大窓論叢』第 33 巻合併号上・下）

Devine.Edward T『Social Work』（社会福祉研究センター編『草の根福祉』第 42 号、第 43 号、第 44 号、第 45 号、第 46 号、序文、目次、第 1 —第 19 章、雅号：Roman BRILLIANT）

福祉利用者の生活問題と福祉労働・福祉専門職論

2018 年 11 月 15 日　初版 第 1 刷 発行

著　者　竹原　健二
発行者　新舩　海三郎
発行所　株式会社 本の泉社
〒 113-0033　東京都文京区本郷 2-25- 6
電話 03-5800-8494　FAX 03-5800-5353
http://www.honnoizumi.co.jp/
DTP　株式会社 西崎印刷（池松浩久）
印刷　新日本印刷株式会社　／　製本　株式会社村上製本所

©2018, Kenji TAKEHARA　Printed in Japan
ISBN978-4-7807-1915-4 C0036
※落丁本・乱丁本は小社でお取り替えいたします。定価はカバーに表示してあります。
　本書を無断で複写複製することはご遠慮ください。